DE LA RÉVOLUTION AU RENOUVEAU

De la révolution au renouveau

Retrouver l'esprit de 1789

HICHEM KAROUI

GEW Rapports et Analyses

Copyright © 2024 par Hichem Karoui
GEW La voix de la Mediterranée . Global East-West.
Tous droits réservés.
Aucune partie de ce livre ne peut être reproduite sous quelque forme que ce soit sans l'autorisation écrite de l'éditeur ou de l'auteur, sauf dans les cas autorisés par la loi sur les droits d'auteur.

Contents

EN ÉPIGRAPHE

PRÉFACE

PREMIÈRE PARTIE

1	Introduction	8
2	Préparer la scène : La France au XXIe siècle	11
3	Les racines intellectuelles de 1789	18
4	Vers un renouveau de l'esprit révolutionnaire	28

Sources et références pour une lecture plus approfondie — 35

DEUXIÈME PARTIE: LES RÉVOLUTIONNAIRES

5	Introduction	40
6	La France à la veille de la révolution	43
7	Voltaire : Champion de la liberté	50
8	Jean-Jacques Rousseau : Architecte du contrat social	58
9	Montesquieu : Défenseur du gouvernement constitutionnel	67
10	Diderot et les Encyclopédistes : Les gardiens du savoir	74

| 11 | Marat et les radicaux : Les voix du peuple | 81 |
| 12 | Conclusion : La quête permanente de la liberté, de l'égalité et de la fraternité | 99 |

Sources et références pour une lecture plus approfondie   108

TROISIÈME PARTIE: LA RÉVOLUTION REVISITÉE

13	Introduction	113
14	Préparer le terrain : La France du XXIe siècle et l'héritage de la Révolution française	116
15	L'aube de la révolution : L'étincelle de 1789	123
16	Examen de la ferveur révolutionnaire et des aspirations du peuple à la liberté et à l'égalité	130
17	Discussion sur le bilan humain de la révolution, y compris l'emprisonnement, l'exil et l'exécution	137
18	L'héritage de 1789 : L'évaluation des résultats	143
19	Examen de la mise en place des institutions républicaines et de la diffusion des valeurs démocratiques	149
20	La France au XXIe siècle: Défis et mécontentements	156
21	Le décalage entre les idéaux révolutionnaires et les réalités actuelles	163
22		170
23	Les sacrifices des révolutionnaires sont-ils justifiés par les résultats de la révolution	171
24	L'esprit de 1789 dans la France moderne : Renouveau ou régression ?	179

25	Des mouvements et de l'activisme contemporains inspirés par l'héritage de la révolution	186
26	Conclusion : Vers une nouvelle révolution ?	193
27	Des perspectives optimistes pour l'avenir	198

Sources et références pour une lecture plus approfondie 202

En épigraphe

1. "L'homme est né libre, et partout il est dans les fers." (Rousseau, Du contrat social).

2. "Il n'y a point de vérité qui ne puisse être dangereuse pour celui qui n'est pas préparé à l'entendre." (Condorcet).

3. "Je ne suis pas d'accord avec ce que vous dites, mais je me battrai jusqu'à la mort pour que vous ayez le droit de le dire." (Voltaire).

4. "L'homme le plus heureux est celui qui fait le bonheur d'un plus grand nombre d'autres." (Le Fils naturel).

5. "Il n'y a point de plus cruelle tyrannie que celle que l'on exerce à l'ombre des lois et avec les couleurs de la justice." (De l'esprit des lois).

6. "Dès qu'un seul homme est opprimé, il n'y a plus de liberté." (Marat).

Préface

Chers lecteurs,

C'est avec une immense fierté et un profond sentiment de responsabilité que je vous présente mon dernier ouvrage, "De la révolution au renouveau : Retrouver l'esprit de 1789". Ce livre est le fruit d'années de lecture passionnée et d'une réflexion approfondie sur l'un des événements les plus marquants de l'histoire de France et du monde : la Révolution française.

Mon objectif, à travers ces pages, est de vous emmener dans un voyage fascinant à travers le temps, de vous faire redécouvrir les idéaux qui ont animé les révolutionnaires de 1789 et de vous convaincre de la nécessité de raviver cet esprit dans notre société contemporaine. Les valeurs de liberté, d'égalité et de fraternité, qui ont été au cœur de la Révolution, sont plus que jamais d'actualité et méritent d'être remises au centre de nos préoccupations.

Dans cet ouvrage, je m'attache à explorer les racines intellectuelles de la Révolution, en mettant en lumière le rôle crucial joué par l'éducation et la culture dans l'émergence de la pensée révolutionnaire. Je rends également hommage aux grands esprits qui ont façonné cette période, tels que Voltaire, Rousseau, Montesquieu, Diderot et Marat, dont les écrits et les actions ont contribué à forger l'éthique révolutionnaire.

Mais ce livre n'est pas seulement un regard nostalgique sur le passé. Il se veut aussi un appel à l'action, une invitation à réfléchir sur la pertinence des idéaux de 1789 dans la France d'aujourd'hui. En analysant les défis auxquels notre société est confrontée, qu'il s'agisse des inégalités croissantes, de la montée des extrémismes ou de la crise environnementale, je m'efforce de montrer comment les valeurs révolutionnaires peuvent nous guider vers un avenir meilleur.

Je suis convaincu que la France a besoin d'un nouveau souffle, d'un renouveau qui puise sa force dans l'héritage de la Révolution. Ce n'est qu'en retrouvant l'audace, la détermination et la vision des révolutionnaires que nous pourrons construire une société plus juste, plus solidaire et plus durable.

Ce livre se veut un outil pour penser et agir, pour insuffler un nouvel élan à notre démocratie et à notre vie collective. Il se compose de trois essais qui constituent ses trois parties. Ecrits séparément, les essais sont pourtant complémentaires et forment un tout ayant le même objectif: repenser 1789 avec le recul et réintégrer son esprit révolutionnaire, démocratique et républicain dans la France d'aujourd'hui qui s'en est largement éloignée, comme en témoignent les crises sociales successives.

Je vous invite donc à vous plonger dans "De la révolution au renouveau : Retrouver l'esprit de 1789", à vous laisser porter par la force des idées et des convictions qui y sont exprimées, et à devenir, à votre tour, des acteurs du changement. Ensemble, nous pouvons faire renaître l'esprit de la Révolution et bâtir une France à la hauteur de ses promesses.

Bonne lecture,

Hichem Karoui.
Quillan, 2024.

Première Partie

"JE DÉFINIS LA RÉVOLUTION, L'AVÈNEMENT DE LA LOI, LA RÉSURRECTION DU DROIT, LA RÉACTION DE LA JUSTICE."

(MICHELET, HISTOIRE DE LA RÉVOLUTION FRANÇAISE).

Chapter 1

Introduction

La France, terre de révolution, de philosophie et de flair artistique, captive depuis longtemps l'imagination du monde entier. De l'effervescence de la Révolution française à l'élégance des cafés parisiens, la richesse de l'histoire et de la culture françaises a laissé une empreinte indélébile sur la scène internationale. Dans ce livre, nous nous plongeons au cœur de la France, explorant son passé, son présent et son avenir. Pour entreprendre ce voyage, nous devons d'abord comprendre l'attrait de la France et l'importance de son passé révolutionnaire. Les idéaux de liberté, d'égalité et de fraternité, introduits pendant la Révolution française, continuent de résonner à travers les siècles, façonnant l'identité du peuple français et influençant le cours de l'histoire.La Révolution française, qui a débuté en 1789 avec la prise de la Bastille, a été un moment charnière non seulement pour la France, mais pour le monde entier. Elle a marqué le renversement de la monarchie absolue et la naissance de la démocratie moderne. Les révolutionnaires ont cherché à établir une société fondée sur les principes d'égalité, de liberté et de solidarité, remettant en cause les hiérarchies sociales bien ancrées et ouvrant la voie à un avenir plus équitable. La révolution est un événement complexe et multiforme qui englobe des bouleversements politiques, sociaux et culturels. Elle a déclenché des forces qui se sont répercutées non seulement en France, mais dans toute l'Europe et dans le monde entier. La Révolution a également vu naître le règne de la Terreur, une période de violence et de répression extrêmes au cours de laquelle les révolutionnaires ont cherché à consolider leur pouvoir et à éliminer les ennemis qu'ils percevaient.

À travers le prisme de l'histoire et de la culture, nous nous pencherons sur les défis auxquels est confrontée la société française contemporaine. L'héritage de la Révolution française est à la fois une source de fierté et un fardeau pour la France moderne. Le pays est confronté à des questions d'identité, d'intégration et de cohésion sociale, alors qu'il s'efforce de maintenir les valeurs qui ont défini son histoire. La quête de la reconquête de l'esprit révolutionnaire qui a jadis défini la France pose un défi complexe et multiforme. Dans un monde globalisé marqué par des changements rapides et l'incertitude, le peuple français doit naviguer entre tradition et progrès, entre un passé fier et un avenir incertain.

En explorant les racines intellectuelles de la Révolution française et en retraçant son impact sur la France moderne, nous souhaitons engager un dialogue sur les valeurs qui devraient guider la nation au XXIe siècle .Les principes de liberté, d'égalité et de fraternité restent aussi pertinents aujourd'hui qu'ils l'étaient il y a deux siècles, servant de boussole pour naviguer en confrontant les défis d'un monde en mutation rapide. Rejoignez-moi dans cette exploration du passé, du présent et de l'avenir de la France. Ensemble, réfléchissons à l'héritage durable de la Révolution française et à la quête d'une société fondée sur la liberté, l'égalité et la fraternité.

Chapter 2

Préparer la scène : La France au XXIe siècle

La France du XXIe siècle se trouve à la croisée des chemins, aux prises avec une multitude de défis politiques, sociaux et économiques qui ont mis à l'épreuve les fondements de sa société. Le pays est réputé pour la richesse de son histoire, de sa culture et de ses contributions aux arts, à la philosophie et à la politique. Cependant, sous sa façade pittoresque se cache une nation qui lutte pour réconcilier son passé avec les exigences d'un monde en mutation rapide. Le peuple français est profondément attaché à ses traditions et à ses valeurs, qui sont profondément enracinées dans l'histoire du pays. De l'héritage de la Révolution française aux idéaux de liberté, d'égalité et de fraternité, la France est depuis longtemps un symbole de liberté, d'égalité et de fraternité. La montée des mouvements populistes, l'émergence d'idéologies extrémistes et le défi du multiculturalisme ont remis en question l'essence même de ce que signifie être français. Le paysage politique du pays est marqué par la polarisation, avec des débats qui font rage sur des questions telles que l'identité nationale, la laïcité et le rôle de l'État dans la société. Dans le même temps, les disparités économiques et les inégalités sociales persistent, créant des divisions et des frustrations au sein de la population.

Alors que la France navigue dans ces eaux troubles, il est de plus en plus important pour ses citoyens de réfléchir aux valeurs qui ont historiquement défini la nation. Les principes de liberté, d'égalité et de fraternité doivent être plus que les mots d'un slogan ; ils doivent être adoptés comme des principes directeurs pour naviguer dans les complexités du monde moderne. En renouant avec l'esprit de 1789 et en ravivant l'ardeur révolutionnaire qui a jadis inspiré une nation, la France peut tracer une voie qui respecte ses fières traditions tout en relevant les défis de l'avenir.

La lutte de la France pour l'identité et l'intégration est encore compliquée par l'héritage de son passé colonial et les relations qu'elle entretient avec ses anciennes colonies. L'histoire de l'impérialisme et de l'exploitation du pays continue de façonner ses interactions avec la communauté mondiale, notamment en ce qui concerne les questions d'immigration, de race et de diversité culturelle. Outre les défis internes, la France est confrontée à des pressions externes provenant d'un paysage mondial en mutation rapide. La montée du nationalisme et du populisme en Europe, associée à la dynamique changeante des relations internationales, a contraint la France à réévaluer son rôle dans le monde.

En tant que membre fondateur de l'Union européenne et membre permanent du Conseil de sécurité des Nations unies, la France joue un rôle crucial dans l'élaboration de la gouvernance mondiale et la promotion de la paix et de la sécurité. Malgré ces défis, la France reste un phare de la liberté, de l'égalité et de la fraternité, inspirant les nations du monde entier par son engagement en faveur des droits de l'homme, de la démocratie et de la justice sociale. L'esprit français de résistance et de résilience, forgé au cours de siècles de lutte et de triomphe, continue de guider la nation alors qu'elle affronte les incertitudes du présent et embrasse les possibilités de l'avenir. Le voyage de la France vers la découverte de soi et le renouveau est un microcosme des défis plus larges auxquels sont confrontées les nations dans un monde interconnecté. En affrontant son passé et en embrassant les complexités du présent, la France a la possibilité de forger un avenir qui ne soit pas seulement fidèle à ses valeurs historiques, mais qui réponde également aux besoins changeants de ses citoyens et de la communauté mondiale. Alors que le pays est aux prises avec les exigences du XXIe siècle, sa capacité à relever ces défis avec grâce, résilience et ouverture déterminera sa place dans le monde et son héritage pour les générations à venir.

L'héritage durable de la Révolution française

La Révolution française de 1789 a été un événement transformateur qui a non seulement modifié la trajectoire de la société française, mais a également eu des répercussions dans toute l'Europe et dans le monde entier. Née dans le sillage de griefs sociaux, économiques et politiques de longue date, la révolution a représenté un changement radical dans la dynamique du pouvoir et le démantèlement de l'ancien régime. L'un des traits caractéristiques de la Révolution française a été le rôle joué par les gens du peuple, ou le troisième pouvoir, dans la remise en cause des hiérarchies traditionnelles du pouvoir. Les États généraux, qui n'avaient pas été convoqués depuis près de 200 ans avant 1789, sont devenus un champ de bataille pour des visions concurrentes de la représentation politique et de l'autorité. Les actions radicales du tiers état, qui se déclare Assemblée nationale et affirme son droit à gouverner, marquent une rupture significative avec le système monarchique traditionnel.

La prise de la Bastille, le 14 juillet 1789, est souvent citée comme le début symbolique de la révolution. Cet événement dramatique, au cours duquel une prison symbolisant l'oppression royale a été prise d'assaut par une population en colère, a galvanisé le soutien populaire à la cause révolutionnaire. La chute de la Bastille a non seulement démontré la détermination du peuple à défier l'autorité, mais elle a également déclenché une vague de soulèvements et de protestations dans tout le pays.

La Déclaration des droits de l'homme et du citoyen, adoptée en août 1789, a consacré les principes de liberté, d'égalité et de fraternité en tant que fondement de la nouvelle république. Inspirée par les idéaux des Lumières de penseurs tels que Rousseau et Voltaire, la déclaration codifie la vision d'une société fondée sur les droits individuels, la souveraineté populaire et l'État de droit.

La révolution a entraîné de profonds changements dans les structures sociales et les institutions politiques. Les privilèges féodaux sont abolis et la division de la société en domaines est démantelée. L'Église, qui avait longtemps joui d'une richesse et d'un pouvoir immenses, a été sécularisée et placée sous le contrôle de l'État. La redistribution des terres et l'élimination des privilèges nobiliaires visaient à créer une société plus égalitaire, où le mérite plutôt que la naissance déterminait le statut d'une personne.

Cependant, la révolution a également sombré dans la violence et l'extrémisme, les factions radicales cherchant à consolider le pouvoir et à réprimer la dissidence. Le règne de la Terreur, sous la direction de Robespierre, a vu l'avènement d'une dictature révolutionnaire qui a eu recours à la peur et à la violence pour garder le contrôle. La guillotine est devenue le symbole sinistre de cette période, puisque des milliers d'ennemis présumés de la révolution ont été exécutés dans le cadre d'une campagne impitoyable visant à purifier la nation. Malgré les excès et les contradictions de la révolution, son héritage perdure en tant que puissant symbole de l'aspiration humaine à la liberté, à l'égalité et à la justice. La Révolution française a non seulement inspiré d'autres mouvements révolutionnaires dans le monde, mais elle a également jeté les bases des conceptions modernes de la démocratie et des droits de l'homme. Ses enseignements durables sur la nature du pouvoir, les dangers de l'extrémisme et l'importance de l'engagement civique continuent de résonner à notre époque turbulente.

Énoncé de la thèse : Argumenter pour un retour aux valeurs de Liberté, égalité, fraternité dans la société française contemporaine

Dans un monde en pleine mutation, les principes de liberté, d'égalité et de fraternité qui étaient au cœur de la Révolution française restent plus que jamais d'actualité pour façonner une société juste et équitable. Malgré le passage du temps et les innombrables transformations sociétales survenues depuis 1789, les valeurs de liberté, d'égalité et de fraternité continuent de servir de boussole morale aux individus comme aux nations. Dans le contexte de la société française contemporaine, l'appel à un retour à ces principes fondateurs se fait de plus en plus pressant. Alors que la France est confrontée à des problèmes d'inégalité sociale, de discrimination et de polarisation politique, il est urgent de revigorer l'esprit de la Révolution française et de réaffirmer l'engagement en faveur de principes qui promeuvent l'unité, la justice et la solidarité. Le concept de Liberté, égalité, fraternité incarne l'essence même de ce que signifie une société construite sur les principes des Lumières, du Progrès et de la Dignité humaine.

La liberté, premier pilier de cette triade, souligne l'importance des libertés individuelles et du droit de chacun à s'exprimer, à poursuivre ses rêves et à participer à la gestion de sa propre vie. L'égalité, le deuxième principe, est un concept à multiples facettes qui englobe non seulement l'égalité juridique et politique, mais aussi l'équité sociale et économique. Il appelle à une société où chaque individu est traité avec équité et justice, indépendamment de ses origines, de son statut social ou de ses croyances. La véritable égalité va au-delà des simples droits formels ; elle exige que l'on s'attaque aux barrières systémiques et aux injustices qui perpétuent les disparités dans l'accès aux ressources, aux opportunités et à la mobilité sociale. La fraternité, le dernier élément de cette trinité, évoque l'interconnexion de l'humanité et l'importance de la solidarité, de la compassion et du soutien mutuel dans la construction d'un monde plus harmonieux. Elle invite les individus à reconnaître leur humanité commune et leurs responsabilités les uns envers les autres, en favorisant un sentiment de communauté et d'appartenance qui transcende les divisions et encourage un sentiment d'inclusion et d'appartenance.

En plaidant pour un retour aux valeurs de Liberté, égalité, fraternité, nous ne nous tournons pas simplement vers le passé ; nous embrassons plutôt un ensemble d'idéaux intemporels qui ont le pouvoir de nous guider vers un avenir plus inclusif et plus compatissant. Dans un monde marqué par la division et la discorde, les principes de Liberté, égalité, fraternité offrent une vision d'une société où tous les individus sont traités avec respect et dignité, où les opportunités sont accessibles à tous, et où la solidarité et le soutien mutuel constituent la pierre angulaire de la vie communautaire. L'adoption de ces valeurs n'est pas un retour à une époque révolue, mais un engagement tourné vers l'avenir pour créer une société plus juste et plus équitable pour tous. Alors que nous naviguons dans les complexités du monde moderne, inspirons-nous de l'esprit révolutionnaire de 1789 et efforçons-nous de construire une société qui défend les principes de Liberté, égalité, fraternité comme des principes directeurs pour un avenir plus inclusif, plus juste et plus harmonieux.

Chapter 3

Les racines intellectuelles de 1789

Les racines intellectuelles de la Révolution française de 1789 sont profondes, entremêlant une multitude de fils sociaux, politiques et philosophiques qui ont tissé une tapisserie complexe de la pensée révolutionnaire. Au cœur de cette période de transformation se trouvent les Lumières, un mouvement culturel et intellectuel qui a balayé l'Europe au XVIIIe siècle, remettant en question les normes et les institutions dominantes de la société. Des penseurs des Lumières tels que Voltaire, Rousseau, Montesquieu et Diderot, entre autres, ont joué un rôle essentiel dans l'élaboration de l'idéologie révolutionnaire en prônant la raison, les droits individuels et le scepticisme à l'égard de l'autorité traditionnelle. Voltaire, avec sa satire mordante et ses appels à la liberté d'expression et à la tolérance religieuse, a critiqué les structures de pouvoir bien établies de la monarchie et de l'Église, appelant à une plus grande liberté pour tous les citoyens. Jean-Jacques Rousseau, quant à lui, a introduit le concept de contrat social, soulignant les obligations mutuelles entre l'État et ses citoyens et remettant en question la légitimité du pouvoir monarchique absolu. Les idées de Montesquieu sur la séparation des pouvoirs et la promotion de la connaissance et de l'éducation par Diderot ont également contribué au ferment intellectuel qui a alimenté l'esprit révolutionnaire. La révolution américaine de 1776 a servi de phare d'espoir et d'inspiration pour les révolutionnaires français, en démontrant le pouvoir de la souveraineté populaire et le droit du peuple à s'élever contre une gouvernance oppressive. La Déclaration d'indépendance, avec sa défense passionnée des droits naturels et de la recherche du bonheur, résonnait profondément avec les aspirations de la population française à la liberté, à l'égalité et à la fraternité.

Des facteurs économiques ont encore enflammé la ferveur révolutionnaire en France. Le système féodal obsolète, caractérisé par des hiérarchies sociales rigides et des inégalités économiques, a créé une poudrière de mécontentement parmi les gens du peuple. Des années de guerres coûteuses, de mauvaise gestion financière et de politiques fiscales régressives qui accablaient les classes inférieures tout en exemptant la noblesse ont renforcé le sentiment d'injustice et le ressentiment à l'égard de l'élite dirigeante. La convergence des idéaux des Lumières, l'exemple de la révolution américaine et les difficultés économiques auxquelles était confrontée la population française ont culminé avec les événements explosifs de 1789. La prise de la Bastille, la Déclaration des droits de l'homme et du citoyen et la restructuration radicale de la société française ont marqué le début d'un nouveau chapitre de l'histoire, qui allait à jamais modifier le paysage politique, social et culturel de la France et se répercuter dans le monde entier.

L'ère révolutionnaire : Une époque d'idéaux et de luttes

Au lendemain de la Révolution française, la France a connu une période tumultueuse marquée à la fois par de grands idéaux et des défis importants. Les révolutionnaires cherchent à se libérer du carcan de la monarchie et de l'aristocratie, afin de créer une société fondée sur les principes de liberté, d'égalité et de fraternité. La Déclaration des droits de l'homme et du citoyen, adoptée en 1789, résume ces idéaux et jette les bases d'une nouvelle ère dans l'histoire de France. L'ère révolutionnaire se caractérise par d'intenses bouleversements politiques et des transformations sociales. Les révolutionnaires ont démantelé l'ordre ancien, en abolissant les privilèges féodaux et en créant une société plus égalitaire. Ils ont cherché à établir un système de gouvernement démocratique, enraciné dans les principes de la souveraineté populaire et de la représentation. Cependant, cette période a également été marquée par des luttes et des conflits. Les révolutionnaires ont dû faire face à des divisions internes et à des menaces externes de la part des forces contre-révolutionnaires. Le règne de la Terreur, mené par les Jacobins radicaux, a vu la montée de la violence et de la répression alors que la révolution se retournait contre elle-même. L'exécution du roi Louis XVI et le règne de la terreur qui a suivi ont symbolisé le côté sombre de la révolution, les idéaux de liberté et d'égalité étant ternis par les effusions de sang et le chaos. Malgré ces défis, l'ère révolutionnaire a également été marquée par des réalisations remarquables. La Révolution française a inspiré des mouvements de changement social et politique dans toute l'Europe et dans le monde entier. Elle a jeté les bases de la démocratie moderne et des droits de l'homme, façonnant le cours de l'histoire pour les siècles à venir. L'héritage de la Révolution française s'étend au-delà de ses conséquences immédiates. La révolution a suscité des débats sur la nature de l'autorité politique, le rôle de l'individu dans la société et les significations de la liberté et de l'égalité. Elle a inspiré des révolutions et des soulèvements ultérieurs dans le monde entier, de la révolution haïtienne aux guerres d'indépendance d'Amérique latine. L'influence de la Révolution française est perceptible dans le développement des idéologies politiques modernes, telles que le libéralisme, le nationalisme et le socialisme. En outre, la révolution a profondément transformé la société française. Elle a mis fin à des siècles de monarchie et de privilèges aristocratiques, ouvrant la voie à une société plus méritocratique et plus inclusive. L'ère révolutionnaire a vu l'émergence de nouvelles forces sociales, telles que la classe ouvrière urbaine et la paysannerie, qui ont joué un rôle crucial dans la trajectoire de la révolution. En outre, l'ère révolutionnaire a vu l'émergence de personnalités influentes qui ont laissé un héritage durable. Maximilien Robespierre, figure clé du règne de la Terreur, est devenu synonyme des excès de la phase radicale de la révolution. Sa vision d'une république vertueuse, guidée par la raison et la morale, s'est heurtée aux réalités des bouleversements politiques et de la violence. Napoléon Bonaparte est apparu comme une figure centrale au lendemain de la révolution, montant en puissance et s'imposant comme empereur des Français. Les conquêtes militaires et les réformes administratives de Napoléon ont remodelé l'Europe et laissé un impact durable sur le continent. Son code civil, document juridique fondamental, a codifié bon nombre des principes révolutionnaires d'égalité et de droits individuels. En conclusion, l'époque révolutionnaire a été marquée par de nobles idéaux, mais aussi par de dures réalités. C'est une période marquée par de grandes aspirations et de grandes luttes, la France cherchant à se redéfinir et à créer une société plus juste et plus équitable. L'héritage de la Révolution française continue de résonner aujourd'hui, nous rappelant le pouvoir durable des idéaux humains et les défis que représente leur réalisation dans un monde complexe et en constante évolution.

L'évolution de la société française après la Révolution

La France a connu des changements importants dans les années qui ont suivi la Révolution française. La Révolution, qui a débuté en 1789 avec la prise de la Bastille et s'est poursuivie jusqu'en 1799 avec l'arrivée au pouvoir de Napoléon Bonaparte, a eu un impact profond sur la société, la politique et la culture françaises. L'une des principales évolutions de la France post-révolutionnaire a été la montée du nationalisme. Le peuple français, unifié par une langue et une culture communes, a commencé à développer un fort sentiment d'identité nationale. Ce nouveau nationalisme a servi de force unificatrice dans un pays qui avait été profondément divisé par les classes sociales pendant des siècles. Le drapeau tricolore, qui symbolise la liberté, l'égalité et la fraternité, devient un emblème puissant de la nouvelle république et des idéaux de la Révolution. La Révolution a également apporté des changements significatifs dans le paysage politique français. La monarchie est abolie et le pays passe d'une monarchie absolue à une monarchie constitutionnelle, puis à une république. Le gouvernement révolutionnaire met en œuvre des réformes radicales, telles que la Déclaration des droits de l'homme et du citoyen, qui proclame les principes d'égalité devant la loi, de liberté d'expression et de droit de propriété. Sur le plan social, la Révolution entraîne une restructuration de la société française. L'ancien système féodal, avec ses privilèges et sa hiérarchie, a été démantelé, ce qui a permis une plus grande mobilité sociale pour les individus de toutes origines. La Révolution a également entraîné l'émancipation des esclaves dans les colonies françaises, promouvant ainsi les idéaux de liberté et d'égalité. Sur le plan économique, la France a connu à la fois des périodes de croissance et d'instabilité dans les années qui ont suivi la Révolution. Les guerres révolutionnaires et l'ère napoléonienne qui s'ensuivit ont entraîné des perturbations et des difficultés économiques, le pays étant confronté à des conflits internes et externes. Cependant, la révolution industrielle a également commencé à s'installer en France, entraînant des avancées technologiques, l'urbanisation et la croissance des industries. Malgré ces avancées, la France de l'après-Révolution a été confrontée à des défis et à des tensions persistants. Les divisions politiques et les luttes de pouvoir ont continué à façonner la trajectoire du pays, les différentes factions se disputant le contrôle et l'influence. L'inégalité économique est restée un problème pressant, le fossé entre les riches et les pauvres se creusant au milieu d'une industrialisation rapide. En conclusion, la Révolution française a marqué un tournant dans l'histoire de la France, ouvrant une ère de changements et de transformations profonds. Les principes de liberté, d'égalité et de fraternité sont devenus les valeurs directrices de la nouvelle république, façonnant le cours de la société française pour les siècles à venir. L'héritage de la Révolution continue de résonner dans la France d'aujourd'hui, rappelant le combat permanent pour la justice sociale, la démocratie et les droits de l'homme.

Défis pour les idéaux révolutionnaires

Les idéaux de la Révolution française ont profondément bouleversé le paysage social et politique de la France, en proposant une vision de la liberté, de l'égalité et de la fraternité qui allait se répercuter bien au-delà de ses frontières. Cependant, comme pour toute grande révolution, la traduction de ces nobles principes en réalités concrètes s'est heurtée à d'immenses défis et complexités. Au cœur du projet révolutionnaire se trouvait le concept de liberté, qui visait à garantir les droits et les libertés des individus face au pouvoir oppressif de la monarchie et de l'aristocratie. Cependant, l'équilibre entre les libertés individuelles et le besoin d'ordre et de stabilité collectifs s'est avéré délicat à trouver. Le démantèlement radical des institutions traditionnelles et les changements rapides de pouvoir au cours de la Révolution ont souvent conduit à des périodes de chaos et de violence intenses, les différentes factions se disputant le contrôle, sapant l'idéal de liberté avec les dures réalités des conflits politiques. De même, la recherche de l'égalité était un pilier fondamental de la vision de la Révolution, visant à éradiquer les hiérarchies et les privilèges enracinés qui avaient longtemps défini la société française. Cependant, les inégalités sociales et les disparités économiques profondément enracinées qui persistaient constituaient un formidable obstacle à l'instauration d'une véritable égalité. Malgré les efforts déployés pour uniformiser les règles du jeu et créer une société plus juste, le fossé entre l'idéal révolutionnaire d'égalité et les dures réalités de la pauvreté et de l'injustice sociale restait un défi permanent. En outre, la Révolution s'est heurtée à une opposition importante de la part de forces internes et externes qui cherchaient à contrecarrer ses idéaux révolutionnaires et à restaurer l'ordre ancien. Les mouvements contre-révolutionnaires, soutenus par les monarchies et les forces conservatrices de toute l'Europe, ont constitué une menace constante pour la jeune République, mettant à l'épreuve sa capacité à défendre les principes de liberté et d'égalité face à une formidable résistance. La question de savoir comment concilier les idéaux révolutionnaires avec les exigences pratiques de la gouvernance et de l'administration a encore aggravé les défis auxquels la Révolution a été confrontée. La création d'un système politique stable capable de mettre en œuvre efficacement les principes de liberté et d'égalité tout en maintenant l'ordre social s'est avérée être une tâche complexe qui ne se prêtait pas à des solutions faciles. Malgré ces formidables défis et contradictions, l'héritage durable de la Révolution française continue de façonner le cours de l'histoire, inspirant des mouvements pour la justice sociale et le changement politique dans le monde entier. Ses enseignements constituent un rappel poignant de la lutte permanente pour défendre les idéaux de liberté, d'égalité et de fraternité face à l'adversité et à l'opposition, soulignant la pertinence et l'importance durables de la vision révolutionnaire pour les générations à venir. L'impact de la Révolution ne s'est pas limité à la France, mais s'est propagé à travers l'Europe et le monde entier, déclenchant une vague de ferveur révolutionnaire et d'éveil politique. Les idéaux de liberté, d'égalité et de fraternité ont trouvé un écho auprès des personnes privées de leurs droits et opprimées, suscitant leurs aspirations à la liberté et à la justice sociale. La révolution a été une lueur d'espoir pour ceux qui aspiraient au changement, remettant en cause les pouvoirs bien établis de l'ordre ancien et annonçant une nouvelle ère d'idéaux progressistes. Cependant, au fur et à mesure que la révolution se déroulait, ses contradictions et ses complexités sont devenues de plus en plus évidentes. Les nobles idéaux de liberté et d'égalité ont souvent été éclipsés par la quête impitoyable du pouvoir et les violents bouleversements qui ont marqué la période. La guillotine est devenue un symbole à la fois de justice révolutionnaire et de terreur, les opposants politiques et les ennemis présumés de la Révolution ayant trouvé leur destin sous sa lame. Les transformations radicales de la Révolution ont également entraîné une profonde reconfiguration des structures sociales et des normes culturelles. Les hiérarchies traditionnelles de la monarchie et de l'Église ont été bouleversées et de nouvelles formes de gouvernance et d'organisation sociale sont apparues. Le concept de citoyenneté a été redéfini, étendant les droits et les responsabilités à une plus grande partie de la population, bien qu'avec des limitations et des exclusions qui reflétaient les contradictions inhérentes au projet révolutionnaire. Alors que la révolution entrait dans ses dernières phases, des divisions internes et des pressions externes menaçaient de saper ses acquis révolutionnaires. La montée de factions radicales telles que les Jacobins et le règne de la Terreur ont mis en évidence les extrêmes auxquels les révolutionnaires étaient prêts à se livrer dans la poursuite de leurs objectifs politiques. La réaction thermidorienne qui a suivi a marqué un recul par rapport aux aspects les plus radicaux de la révolution, les dirigeants plus conservateurs et modérés cherchant à rétablir la stabilité et l'ordre face à des défis croissants. Au lendemain de la révolution, son héritage a continué à résonner dans le paysage politique et culturel de la France et au-delà. La Déclaration des droits de l'homme et du citoyen, document fondateur de la Révolution, consacre les principes de liberté individuelle et d'égalité qui inspireront les mouvements ultérieurs en faveur du changement social et des droits de l'homme. L'ère napoléonienne qui a suivi a apporté de nouveaux bouleversements et transformations, remodelant l'Europe et laissant une empreinte durable sur le cours de l'histoire. En fin de compte, la Révolution française témoigne du pouvoir durable des idéaux révolutionnaires et de la complexité des changements sociaux et politiques. Son héritage de liberté, d'égalité et de fraternité continue de nous inspirer et de nous inciter à lutter pour un monde plus juste et plus équitable, en nous rappelant la ferveur révolutionnaire et le parcours tumultueux qui ont façonné le cours de l'histoire en France et au-delà.

Chapter 4

Vers un renouveau de l'esprit révolutionnaire

Afin de revitaliser et de restaurer l'esprit révolutionnaire qui a jadis caractérisé la France, il est essentiel que le peuple renoue avec les principes fondamentaux que sont la liberté, et la fraternité, ce qui implique d'aller au-delà des simples slogans et d'adhérer véritablement aux valeurs qui sous-tendent la Révolution française. Il s'agit d'aller au-delà des slogans et d'adhérer véritablement aux valeurs qui ont sous-tendu la Révolution française. L'un des aspects essentiels de ce renouveau est la promotion d'un sentiment d'unité et de solidarité entre tous les membres de la société. Les divisions et les inégalités qui sont apparues au fil des siècles doivent être combattues par un engagement renouvelé en faveur de l'égalité et de la justice pour tous. Cela nécessite un effort collectif pour démanteler les systèmes d'oppression et de discrimination qui persistent dans la société française. L'éducation joue un rôle clé dans ce processus de renouveau. En enseignant l'histoire et la signification de la Révolution française, les générations futures peuvent développer une appréciation plus profonde des valeurs qu'elle cherchait à défendre. En outre, l'éducation doit être utilisée comme un outil pour promouvoir l'esprit critique, la tolérance et l'empathie - des qualités essentielles pour construire une société plus inclusive et équitable. En outre, les institutions et les expressions culturelles peuvent également servir de puissants véhicules pour renouveler l'esprit révolutionnaire. L'art, la littérature et la musique ont la capacité de provoquer la réflexion, d'inspirer l'action et de remettre en question le statu quo. En soutenant et en encourageant les initiatives culturelles qui incarnent les valeurs de liberté, d'égalité et de fraternité, la France peut exploiter le pouvoir de transformation de la créativité pour provoquer un changement social. En outre, il est impératif de s'attaquer aux disparités économiques qui entravent la réalisation d'une véritable égalité dans la société française. Une attention renouvelée à la justice économique, aux pratiques de travail équitables et à la redistribution des richesses est nécessaire pour garantir l'accès de tous les citoyens aux opportunités et aux ressources. Il s'agit notamment de mettre en œuvre des politiques qui donnent la priorité au bien-être et à la prospérité de tous les individus, en particulier ceux qui ont été historiquement marginalisés. En outre, l'ère numérique offre des possibilités de mobiliser et d'organiser des mouvements en faveur du changement social. L'exploitation du pouvoir de la technologie et des médias sociaux peut amplifier les voix des communautés marginalisées et faciliter l'action collective à plus grande échelle. En utilisant ces outils de manière efficace, les activistes et les défenseurs peuvent atteindre des publics plus larges, sensibiliser et mobiliser le soutien pour des causes qui promeuvent la justice sociale et l'égalité. En fin de compte, le renouveau de l'esprit révolutionnaire exige un engagement à la réflexion, à la croissance et à l'action continues. Il requiert la volonté de s'engager dans des conversations inconfortables, d'affronter les injustices systémiques et de plaider en faveur d'un changement significatif. En adoptant les valeurs de la Révolution française et en travaillant ensemble pour les défendre dans tous les aspects de la société, la France peut montrer la voie vers un avenir plus juste, plus égalitaire et plus fraternel pour tous. L'héritage de la Révolution française nous rappelle avec force qu'il est possible de transformer les choses lorsque les individus s'unissent dans la poursuite d'une vision commune d'une société plus équitable et plus inclusive.

Le rôle de l'éducation et de la culture dans la renaissance des valeurs révolutionnaires

Pour faire revivre les valeurs révolutionnaires de Liberté, égalité, fraternité dans la société française contemporaine, il est essentiel d'adopter une approche à multiples facettes englobant l'éducation, la culture et l'activisme de base. Il est essentiel de reconnaître le rôle central que ces éléments jouent dans la formation des valeurs, des croyances et des attitudes des individus et des communautés, en encourageant un esprit collectif de solidarité et de progrès. L'éducation sert de pierre angulaire pour inculquer les principes d'égalité, de liberté et de fraternité dans l'esprit des jeunes générations. Un programme d'études complet et inclusif qui se penche sur l'histoire de la Révolution française, en soulignant les sacrifices consentis et les idéaux défendus, peut contribuer à inculquer aux élèves un sens de la responsabilité civique et de la conscience sociale. En offrant la possibilité d'un engagement critique vis-à-vis des événements historiques, les élèves peuvent développer une compréhension nuancée des complexités des mouvements révolutionnaires et en tirer des leçons qui trouvent un écho dans la société contemporaine. En outre, les éducateurs peuvent faciliter les discussions sur les héritages du colonialisme, de l'impérialisme et des inégalités systémiques qui persistent aujourd'hui, en encourageant les élèves à remettre en question les structures de pouvoir existantes et à plaider pour un avenir plus juste et plus équitable. Les institutions culturelles jouent également un rôle important dans la préservation de la mémoire de la Révolution française et dans la promotion de ses valeurs durables. Les musées, les galeries d'art, les théâtres et les bibliothèques sont des espaces essentiels de réflexion, de dialogue et d'inspiration pour les personnes qui cherchent à approfondir leur lien avec l'esprit révolutionnaire. Grâce à des expositions innovantes, des spectacles et des programmes éducatifs, ces institutions offrent aux visiteurs la possibilité de s'engager dans l'éthique révolutionnaire par le biais de diverses expressions artistiques et de récits historiques. En explorant les thèmes de la résistance, de la libération et du changement social, les lieux culturels peuvent susciter des conversations sur la pertinence des idéaux révolutionnaires face aux défis contemporains et inspirer une action collective en faveur d'une société plus inclusive et empathique. Outre l'éducation formelle et les initiatives culturelles, les mouvements de base et les organisations communautaires sont des moteurs essentiels du changement social et de la revitalisation des valeurs révolutionnaires dans la société française. Par le biais de la sensibilisation, de la mobilisation et de l'action directe, ces efforts décentralisés amplifient les voix des communautés marginalisées, remettent en question les systèmes oppressifs et plaident en faveur de politiques qui défendent les droits de l'homme et la justice sociale. En s'organisant autour des questions d'inégalité, de discrimination et de durabilité environnementale, les militants de terrain incarnent les principes de liberté, d'égalité et de fraternité dans leurs actions quotidiennes, forgeant des liens et une solidarité entre diverses communautés. En s'engageant dans l'éducation, la culture et le militantisme de terrain de manière interconnectée et collaborative, les individus et les communautés peuvent raviver l'esprit révolutionnaire de 1789, en incarnant les valeurs de liberté, d'égalité et de solidarité dans la poursuite d'une société plus juste et plus équitable pour tous.

Conclusion : S'approprier l'esprit de 1789

En conclusion, les valeurs durables de liberté, d'égalité et de fraternité qui ont émergé de l'époque tumultueuse de la Révolution française se sont tissées dans le tissu même de la société française moderne. Alors que le monde observait avec impatience les événements de 1789, il était loin de se douter que les échos de cette révolution continueraient à se répercuter dans les annales de l'histoire, façonnant le cours des nations et inspirant les générations à venir. Le concept de Liberté, résume le droit fondamental des individus à agir et à s'exprimer sans contrainte. Enracinée dans la croyance que chaque personne a droit à la liberté de pensée, de parole et d'action, la Liberté est une lueur d'espoir pour ceux qui cherchent à défier les systèmes oppressifs et à affirmer leurs droits en tant qu'êtres autonomes. La Révolution française a jeté les bases de la reconnaissance des libertés individuelles comme essentielles au fonctionnement d'une société juste. L'Égalité, est au cœur des idéaux révolutionnaires qui cherchaient à démanteler les hiérarchies et les inégalités enracinées de l'Ancien Régime. Le cri révolutionnaire en faveur de l'égalité devant la loi et de l'égalité des chances pour tous les citoyens a marqué un changement radical dans les normes sociétales, ouvrant la voie à la reconnaissance des droits de l'homme universels et à la poursuite de la justice sociale. Toutefois, la réalisation d'une véritable égalité reste un combat permanent, car des barrières systémiques et des préjugés profondément enracinés continuent d'entraver les progrès vers une société plus égalitaire. La fraternité incarne l'esprit de solidarité et de communauté qui lie les individus dans la poursuite partagée d'objectifs communs. L'appel à la fraternité entre les citoyens souligne l'importance de l'empathie, de la compassion et du soutien mutuel dans la promotion d'une société cohésive et harmonieuse. Dans un monde où règnent la division et la discorde, le principe de fraternité nous rappelle l'interconnexion inhérente à l'humanité et la valeur de la main tendue à ceux qui sont dans le besoin. Alors que la France navigue dans les complexités de l'ère moderne, les valeurs de liberté, d'égalité et de fraternité servent de principes directeurs à une nation confrontée à des questions d'identité, de diversité et de cohésion sociale. L'héritage de la Révolution française perdure non seulement dans les pages de l'histoire, mais aussi dans les cœurs et les esprits de ceux qui continuent à lutter pour un monde plus équitable et plus inclusif. En défendant ces idéaux révolutionnaires, la France peut tracer la voie vers un avenir caractérisé par l'unité, la justice et le respect de tous les individus.

Sources et références pour une lecture plus approfondie

Pour les lecteurs désireux d'approfondir l'histoire et l'héritage de la Révolution française, il existe une riche mosaïque de ressources qui offrent des perspectives nuancées et érudites sur cette période charnière de l'histoire de France. Pour mieux éclairer les complexités et les nuances de la Révolution, les sources suivantes offrent une exploration complète de ses causes, de ses développements et de son impact durable :

1. "La Révolution française: Une histoire en trois parties" d'Albert Mathiez - L'ouvrage fondamental de Mathiez fournit un récit complet de la Révolution française, divisé en trois parties distinctes : la phase modérée, la phase radicale et la réaction thermidorienne. Grâce à des recherches méticuleuses et à une analyse détaillée, Mathiez se penche sur les dynamiques politiques, sociales et culturelles qui ont façonné chaque phase de la Révolution, offrant ainsi une vue d'ensemble de cette période transformatrice.

2. "L'avènement de la Révolution française" par George Lefebvre - Ouvrage fondamental dans l'étude de la Révolution française, le livre de Lefebvre explore les causes à long terme et les déclencheurs immédiats de la Révolution, en mettant en lumière les forces économiques, sociales et intellectuelles qui ont propulsé la

France vers le bouleversement. En examinant les conditions socio-économiques, les tensions politiques et les courants idéologiques qui ont précédé la Révolution, Lefebvre permet aux lecteurs de comprendre en profondeur les origines et la trajectoire de la Révolution.

3. "La Révolution française: Des Lumières à la tyrannie" par Ian Davidson - Ce livre captivant et instructif de Davidson retrace l'évolution de la Révolution française, de ses origines intellectuelles dans le siècle des Lumières à sa descente dans le radicalisme et la tyrannie pendant le règne de la Terreur. Par le biais d'une narration vivante et d'une analyse incisive, Davidson saisit les hauts et les bas dramatiques de la Révolution, en soulignant l'interaction des idées, des événements et des personnalités qui ont défini cette époque turbulente de l'histoire française.

4. "La guillotine et la Terreur" par Daniel Arasse - En se concentrant sur le symbole le plus infâme du règne de la Terreur, le livre d'Arasse explore le rôle de la guillotine dans le système judiciaire révolutionnaire et son impact sur la société française. En examinant la signification culturelle, les implications politiques et les effets psychologiques de la guillotine, Arasse offre aux lecteurs une perspective convaincante sur la violence et le traumatisme qui ont marqué ce chapitre sombre de la Révolution.

5. "The French Revolution and the People" par Peter McPhee - Cet ouvrage perspicace explore les expériences et les perspectives des gens ordinaires pendant la Révolution française, mettant en lumière les diverses façons dont les individus de différents milieux sociaux ont participé et ont été affectés par les bouleversements révolutionnaires. L'accent mis par McPhee sur les voix et l'action des citoyens ordinaires offre un contrepoint précieux aux récits traditionnels qui mettent l'accent sur la politique des élites et les grandes idéologies, enrichissant ainsi notre compréhension de la Révolution en tant que phénomène profondément humain et complexe.

6. "The Napoleonic Wars: A Global History" par Alexander Mikaberidze - Bien qu'elle ne se concentre pas uniquement sur la Révolution française, l'étude complète de Mikaberidze sur les guerres napoléoniennes fournit un contexte essentiel pour comprendre l'impact plus large de la Révolution sur l'Europe et le monde. En retraçant la montée au pouvoir de Napoléon, ses campagnes militaires et les conséquences de son règne, Mikaberidze met en lumière les

conséquences considérables de la Révolution sur la politique internationale, la guerre et la diplomatie au début du XIXe siècle.

7. "The Oxford History of the French Revolution" édité par William Doyle - Cette collection d'essais qui fait autorité propose une vaste exploration de la Révolution française à partir de multiples perspectives, englobant les dimensions politiques, sociales, culturelles et intellectuelles de cet événement historique aux multiples facettes. Grâce aux contributions d'éminents spécialistes de la question, ce volume offre une vue d'ensemble complète et actualisée des causes, du déroulement et des conséquences de la Révolution, ce qui en fait une ressource indispensable pour tous ceux qui cherchent à comprendre en profondeur ce moment charnière de l'histoire.

Ces sources supplémentaires permettent d'approfondir notre compréhension de la Révolution française, en offrant des points de vue divers, des analyses détaillées et des perspectives nouvelles sur la nature multiforme de ce tournant historique. En s'engageant dans ces travaux, les lecteurs peuvent entreprendre un voyage érudit à travers les complexités et les contradictions de la Révolution, et mieux apprécier son importance durable dans le façonnement de la société et de la politique modernes.

Deuxième Partie: Les révolutionnaires

LES VISIONNAIRES DE LA LIBERTÉ, DE L'ÉGALITÉ ET DE LA FRATERNITÉ

"L'action proprement politique est possible parce que les agents, qui font partie du monde social, ont une connaissance (plus ou moins adéquate) de ce monde et que l'on peut agir sur le monde social en agissant sur leur connaissance de ce monde."

(Pierre Bourdieu, Langage et pouvoir symbolique).

Chapter 5

Introduction

À la fin du XVIIIe siècle, la France est une nation qui vacille au bord d'une profonde transformation. Les graines de la révolution avaient été semées bien avant, alors que les inégalités sociales, les troubles économiques et la répression politique alimentaient le mécontentement qui couvait dans tous les recoins de la société. Dans cette atmosphère instable, un groupe de penseurs des Lumières a émergé comme des phares du changement, remettant en cause le statu quo et inspirant une génération à rêver d'un avenir meilleur. Parmi ces sommités, Voltaire a brillé par son esprit acéré et sa critique intransigeante de l'autorité. Il ne craignait pas de dire la vérité au pouvoir, prônant la liberté d'expression et la tolérance religieuse à une époque où de telles idées étaient considérées comme de dangereuses hérésies. Les satires cinglantes de Voltaire et ses plaidoyers passionnés en faveur de la justice ont touché une corde sensible chez les masses privées de leurs droits, attisant les flammes de la dissidence et de la rébellion qui allaient bientôt engloutir la nation dans une révolution. Jean-Jacques Rousseau, quant à lui, a proposé une approche plus philosophique des problèmes qui affligeaient la société. Son concept de contrat social, dans lequel les individus renoncent volontairement à certaines de leurs libertés pour le bien collectif, fournit un cadre théorique pour la restructuration de la dynamique du pouvoir d'une manière plus équitable. La vision de Rousseau d'une société fondée sur les principes de la souveraineté populaire et de la volonté générale a captivé l'imagination de ceux qui aspiraient à un monde plus juste et plus démocratique. Montesquieu, avec ses théories sur la séparation des pouvoirs et l'équilibre des pouvoirs, a jeté les bases d'un nouvel ordre politique qui protégerait de la tyrannie et de l'abus d'autorité. L'Encyclopédie monumentale de Diderot, un recueil de connaissances et d'idées provenant de divers domaines, a remis en question les formes traditionnelles de savoir et d'autorité, en donnant aux individus les moyens de penser de manière critique et de remettre en question les normes établies. Helvétius, avec ses idées novatrices sur le rôle de l'éducation et de l'environnement dans la formation du comportement humain, a ajouté une dimension psychologique au discours des Lumières, soulignant le pouvoir de transformation de la pensée éclairée et des structures sociales. Alors que la ferveur révolutionnaire balayait la France comme une traînée de poudre, ces penseurs des Lumières se sont retrouvés à l'avant-garde du changement, leurs idées influençant le cours de l'histoire d'une manière qu'ils auraient difficilement pu imaginer. Célébrés par certains comme des héros de la liberté et du progrès, condamnés par d'autres comme de dangereux radicaux menaçant l'ordre établi, Voltaire, Rousseau, Montesquieu, Diderot et Helvétius se sont imposés comme des figures de proue dans une époque de bouillonnement intellectuel et de bouleversements sociétaux. La Révolution française, avec ses événements tumultueux et ses conséquences profondes, servira de creuset dans lequel les idéaux des Lumières seront mis à l'épreuve, et leur héritage durable résonnera dans les couloirs de l'histoire pour les générations à venir.

Chapter 6

La France à la veille de la révolution

Les événements tumultueux qui ont marqué la Révolution française ont révélé les injustices et les inégalités profondément enracinées qui affectaient depuis longtemps la société. Le mécontentement croissant des gens du peuple, alimenté par les difficultés économiques et l'injustice sociale, a trouvé une voix puissante dans les leaders révolutionnaires qui ont émergé pour remettre en cause le statu quo. Des personnalités comme Maximilien Robespierre, Georges Danton et Jean-Paul Marat ont rallié les masses avec une rhétorique enflammée et des appels passionnés en faveur de la justice, de l'égalité et des droits de l'homme. Les révolutionnaires ont cherché à démanteler les structures oppressives de l'ancien régime, en abolissant les privilèges de la noblesse et du clergé, et en proclamant une nouvelle ère de liberté, d'égalité et de fraternité. La Déclaration des droits de l'homme et du citoyen, adoptée en août 1789, consacre ces principes révolutionnaires et annonce une nouvelle vision d'une société juste et égalitaire. Cependant, la révolution sombre rapidement dans le chaos et la violence, les factions rivales se disputant le pouvoir et l'influence. Le règne de la Terreur, dirigé par Robespierre et le Comité de sécurité publique, a déclenché une vague de terreur et de répression, les ennemis présumés de la révolution étant dénoncés, arrêtés et exécutés. La guillotine devient le symbole des excès de la révolution, des milliers de personnes perdant la vie au nom de la pureté révolutionnaire et de la sécurité nationale. Au milieu de ces bouleversements, le gouvernement révolutionnaire entreprend d'ambitieuses réformes sociales et politiques. L'Assemblée nationale a promulgué des changements radicaux, notamment l'abolition des privilèges féodaux, la confiscation des terres ecclésiastiques et la mise en œuvre d'un nouveau code juridique fondé sur les principes d'égalité et de justice. Le clergé a été contraint de prêter serment d'allégeance à l'État et les institutions religieuses ont été soumises au contrôle de l'État dans le but de séculariser la société et de briser le pouvoir de l'Église. La révolution a également vu la montée de mouvements politiques radicaux, tels que les sans-culottes, les militants de la classe ouvrière qui réclamaient l'égalité économique et la justice sociale. Les femmes ont joué un rôle de premier plan dans la révolution, en organisant des manifestations, en participant à des clubs politiques et en défendant les droits et l'égalité des femmes. La ferveur révolutionnaire a inspiré des soulèvements dans d'autres pays européens, les populations du continent cherchant à imiter l'exemple français et à renverser leurs propres dirigeants oppressifs. Malgré les nobles idéaux de la révolution, la période de troubles et d'effusions de sang a fait payer un lourd tribut à la société française. La guerre civile, les invasions étrangères et l'instabilité économique ont plongé le pays dans le chaos, entraînant une radicalisation et un autoritarisme accrus. La révolution a culminé avec la montée en puissance de Napoléon Bonaparte, qui s'est emparé du pouvoir par un coup d'État en 1799 et s'est établi comme empereur des Français, ouvrant une nouvelle ère de dictature et de conquête militaire. La Révolution française reste un moment charnière de l'histoire, un événement qui a transformé le paysage politique, social et culturel de la France et s'est répercuté dans le monde entier. Son héritage est complexe et contesté, incarnant les contradictions des idéaux révolutionnaires et les dangers des changements radicaux. L'impact de la révolution sur les notions modernes de démocratie, de droits de l'homme et de justice sociale continue de résonner, soulignant la pertinence durable de ses leçons et de son héritage.

Aperçu du contexte intellectuel et social

À la veille de la Révolution, la France est une société au bord du changement, dont la façade apparemment stable masque un mécontentement latent et des inégalités sociales profondément enracinées. Les courants intellectuels et sociaux de l'époque s'entrecroisent pour créer un mélange explosif de ferveur révolutionnaire et de lutte des classes qui finira par provoquer un bouleversement cataclysmique. Les courants intellectuels et sociaux de l'époque s'entremêlent pour créer un mélange explosif de ferveur révolutionnaire et de lutte des classes qui finira par éclater en un bouleversement cataclysmique. Les Lumières, un mouvement philosophique profond qui a balayé l'Europe au XVIIIe siècle, ont joué un rôle essentiel dans le façonnement du paysage intellectuel de la France prérévolutionnaire. Les penseurs des Lumières ont remis en question les croyances et les institutions traditionnelles, prônant la raison, la liberté individuelle et la recherche du savoir. Des personnalités telles que Voltaire, Rousseau, Montesquieu et Diderot ont utilisé leur plume pour critiquer la monarchie, l'Église et l'aristocratie, appelant à une société plus juste et plus équitable. Leurs idées se sont rapidement répandues dans les salons parisiens, alimentant un sentiment croissant de désillusion à l'égard des structures de pouvoir existantes. Sur le plan social, la France était profondément divisée en fonction des classes sociales, le clergé et la noblesse jouissant de vastes privilèges et de richesses, tandis que les roturiers croupissaient dans la pauvreté et l'oppression. La hiérarchie sociale rigide, renforcée par des siècles de tradition et de privilèges féodaux, crée un sentiment palpable d'injustice et de frustration parmi les classes inférieures. Les paysans peinent dans les champs, accablés par de lourdes taxes et obligations féodales, tandis que les travailleurs urbains luttent pour joindre les deux bouts dans les villes en plein essor. Le mode de vie opulent de la cour royale et de la noblesse contrastait fortement avec les luttes quotidiennes de la majorité, accentuant le sentiment croissant de ressentiment et de colère. Sur le plan économique, la France était en crise, minée par une dette nationale galopante, un système fiscal sclérosé et une corruption endémique. La mauvaise gestion financière de la monarchie des Bourbons, exacerbée par les guerres coûteuses et les dépenses extravagantes du roi Louis XVI et de ses prédécesseurs, a poussé le pays au bord de l'insolvabilité. Les tentatives de réforme du système fiscal et d'introduction de mesures visant à alléger le fardeau économique pesant sur le peuple n'ont fait qu'attiser les flammes du mécontentement, les classes privilégiées s'opposant à tout changement substantiel susceptible de menacer leurs propres intérêts. Alors que les pressions intellectuelles, sociales et économiques continuaient de s'intensifier, le décor était planté pour un changement sismique dans le paysage politique de la France. Les idées des Lumières, les inégalités sociales profondément ancrées et les difficultés économiques rencontrées par la population convergent pour créer une atmosphère explosive, propice à une révolution. Les nuages s'amoncellent à l'horizon, annonçant l'aube d'une nouvelle ère de bouleversements et de transformations qui modifieront à jamais le cours de l'histoire de France.

Énoncé de la thèse : Explorer la vie et les motivations des révolutionnaires

Pour se plonger dans la vie et les motivations des révolutionnaires de la Révolution française, il faut naviguer dans l'interaction complexe des dynamiques historiques, sociales et culturelles qui ont façonné ce mouvement décisif pour l'époque. Les révolutionnaires sont issus de milieux très divers, représentant la tapisserie complexe de la société française de la fin du XVIIIe siècle. De la bourgeoisie urbaine désireuse de remettre en cause les privilèges bien ancrés de la noblesse aux paysans aspirant à des réformes agraires et à un soulagement de la misère, chaque révolutionnaire a apporté un ensemble unique d'expériences et de griefs qui se sont fondus dans la ferveur de la cause révolutionnaire. L'influence profonde des idéaux des Lumières qui ont imprégné le paysage intellectuel de l'époque a été au cœur de la ferveur révolutionnaire de cette période.

Les travaux d'éminents philosophes tels que Jean-Jacques Rousseau, Voltaire et le baron de Montesquieu ont fourni une base philosophique aux révolutionnaires, les incitant à remettre en question l'ordre social, politique et économique existant, à la recherche d'une société fondée sur la raison, l'égalité et la liberté. Les principes des droits naturels, de la souveraineté populaire et du contrat social ont constitué le socle idéologique sur lequel les révolutionnaires ont cherché à construire un ordre social plus juste et plus équitable. En outre, les conditions économiques de l'époque ont joué un rôle essentiel dans l'embrasement de la ferveur révolutionnaire qui s'est emparée de la France. Des années d'instabilité économique, exacerbée par de mauvaises récoltes, des impôts élevés et une pauvreté généralisée, avaient laissé de nombreux citoyens français aux prises avec les difficultés économiques et l'inégalité sociale. Le contraste saisissant entre le mode de vie opulent de l'élite privilégiée et la situation désastreuse de la majorité appauvrie a alimenté le ressentiment populaire et galvanisé le soutien en faveur d'un changement radical. L'appel à la justice économique et à la redistribution des richesses a trouvé un écho profond auprès des masses privées de leurs droits, les poussant à agir en faveur d'une société plus équitable. Les révolutionnaires eux-mêmes formaient une coalition multiforme et diversifiée, unie par une vision commune de la transformation de la société et de la poursuite d'un avenir plus démocratique et plus égalitaire. Alors que certains prônaient des bouleversements radicaux et des changements tumultueux par des moyens violents, d'autres prônaient des réformes graduelles et une évolution pacifique vers un ordre social plus juste. Malgré leurs méthodes et idéologies divergentes, tous les révolutionnaires étaient liés par une aspiration commune à se libérer des contraintes du passé et à inaugurer une nouvelle ère caractérisée par la liberté, l'égalité et la fraternité. En épluchant les couches de l'histoire et en découvrant les motivations et aspirations nuancées des révolutionnaires, nous comprenons mieux la tapisserie complexe de la Révolution française et l'importance durable de cette période de transformation dans l'élaboration des notions modernes de gouvernance, de citoyenneté et de démocratie. Leurs luttes, leurs idéaux et leurs sacrifices continuent de résonner dans les annales de l'histoire, comme un témoignage intemporel de la quête humaine de justice, de liberté et de solidarité.

Chapter 7

Voltaire : Champion de la liberté

L'influence de Voltaire n'ayant cessé de croître, il a dépassé les frontières des cercles littéraires traditionnels et est devenu une icône culturelle dont les idées ont imprégné toutes les facettes de la société. L'impact de ses écrits s'est étendu bien au-delà de l'élite intellectuelle, atteignant les citoyens ordinaires qui ont été inspirés par ses appels à la justice et à la raison. L'un des héritages les plus durables de Voltaire est son rôle dans l'élaboration des notions modernes de droits de l'homme et de liberté individuelle. Sa défense passionnée de la liberté d'expression et de la tolérance religieuse a jeté les bases de mouvements ultérieurs défendant les droits des groupes marginalisés et la protection des libertés civiles. L'insistance de Voltaire sur la séparation de l'Église et de l'État a influencé le développement de systèmes de gouvernance laïques et reste un principe essentiel dans les démocraties libérales du monde entier. Outre ses écrits philosophiques,

Voltaire était également un satiriste et un critique social talentueux. Par ses commentaires incisifs et pleins d'esprit, il a dénoncé les excès de l'aristocratie, les absurdités du fanatisme religieux et les injustices du système juridique. Ses œuvres telles que "Candide" et "Lettres sur la nation anglaise" sont toujours célébrées pour leur esprit acéré et leurs commentaires sociaux mordants. Malgré sa réputation de provocateur et de fauteur de troubles, Voltaire était également un défenseur infatigable de la réforme sociale. Il a utilisé sa tribune pour contester les régimes autoritaires, défendre les droits des opprimés et faire pression en faveur de réformes juridiques visant à protéger la dignité et les droits de tous les individus. Sa quête intrépide de la justice lui a valu des admirateurs et des ennemis, mais il est resté fermement attaché aux principes d'égalité et de justice. On ne saurait trop insister sur l'impact de Voltaire sur le siècle des Lumières. Ses idées sur la raison, la tolérance et la liberté ont contribué à façonner le paysage intellectuel de son époque et continuent de trouver un écho auprès du public contemporain. En osant dire la vérité au pouvoir et en défendant les droits de l'individu, Voltaire a inspiré des générations de penseurs et d'activistes à lutter pour une société plus juste et plus libre. En conclusion, l'héritage durable de Voltaire en tant qu'écrivain, philosophe et défenseur du changement social confirme son statut de figure la plus influente de l'histoire intellectuelle de l'Occident. Sa quête intrépide de la vérité et de la justice sert toujours de phare à ceux qui cherchent à combattre l'injustice et l'oppression sous toutes leurs formes.

Biographie de Voltaire et ses contributions à la pensée des Lumières

Voltaire, l'une des figures les plus influentes du siècle des Lumières, possédait une intelligence vive et un esprit mordant qu'il utilisait dans ses écrits pour remettre en question le statu quo et plaider en faveur du changement social. Né François-Marie Arouet le 21 novembre 1694 à Paris, Voltaire a été élevé dans une famille noble mais s'est rapidement tourné vers le monde de la littérature et de la philosophie, rejetant les traditions aristocratiques de son éducation. Écrivain prolifique, Voltaire a produit une vaste œuvre qui englobe différents genres, notamment des romans, des pièces de théâtre, des essais et de la correspondance. L'une de ses œuvres les plus célèbres, "Candide", est un roman satirique qui critique l'optimisme aveugle et explore l'absurdité de la souffrance humaine dans un monde rempli d'injustice et de cruauté. À travers le personnage de Candide, un jeune homme naïf et optimiste qui entreprend un voyage tumultueux à travers le monde, Voltaire expose la folie de la philosophie panglossienne et remet en question la nature du bien et du mal dans le monde. Outre Candide, Voltaire a rédigé de nombreuses autres œuvres qui abordent un large éventail de questions sociales, politiques et philosophiques. Ses "Lettres sur la nation anglaise" font l'éloge des Anglais pour leur attachement à la tolérance religieuse, à la liberté d'expression et à la monarchie constitutionnelle, opposant ces vertus aux pratiques oppressives de la monarchie française et de l'Église catholique. À travers ses écrits, Voltaire a défendu les idéaux de la raison, des droits de l'homme et de la liberté individuelle, plaidant pour une société fondée sur les principes de tolérance, de justice et de liberté intellectuelle. Au-delà de ses réalisations littéraires, Voltaire a également joué un rôle important en tant qu'intellectuel public et activiste. Il a usé de son influence et de sa tribune pour défier l'autorité, lutter contre la censure et défendre la cause de la justice. Son plaidoyer en faveur des libertés civiles, notamment la liberté d'expression et la tolérance religieuse, lui a valu d'être la cible de la censure et de persécutions de la part des autorités, mais il est resté ferme dans son engagement à dire la vérité au pouvoir. L'héritage de Voltaire en tant que champion de la raison, de la tolérance et de la réforme sociale perdure encore aujourd'hui, inspirant des générations de penseurs, d'écrivains et d'activistes à défendre les valeurs des Lumières et à rechercher une société plus juste et plus équitable. Sa pertinence durable réside dans son dévouement inébranlable à la poursuite de la vérité et de la justice, qui nous rappelle que les idées ont le pouvoir de façonner le cours de l'histoire et d'inspirer des changements positifs dans le monde.

Défense de la liberté d'expression, de la religion et de la réforme politique

L'engagement de Voltaire en faveur de la liberté d'expression, de la religion et de la réforme politique est profondément ancré dans ses propres expériences et croyances philosophiques. Né François-Marie Arouet en 1694, Voltaire a grandi dans une société où les opinions dissidentes étaient souvent sévèrement punies. Cette exposition précoce à la censure et à la répression a nourri son dévouement à la défense des libertés individuelles et à la contestation de l'autorité oppressive. Tout au long de sa carrière littéraire, l'esprit et la satire de Voltaire ont été des outils puissants qu'il a utilisés pour critiquer les abus de pouvoir au sein de la monarchie française et de l'Église catholique. Sa plume acérée n'a épargné personne, car il s'est attaqué sans crainte aux personnes en position d'autorité, dénonçant leur hypocrisie et leur corruption. Malgré la censure et l'exil auxquels il a dû faire face à plusieurs reprises au cours de sa vie, Voltaire est resté fermement convaincu que la vérité devait être dite, quelles qu'en soient les conséquences. L'un des héritages les plus durables de Voltaire est son traité philosophique "Candide", un roman satirique qui dénonce l'optimisme ambiant de son époque. Dans Candide, Voltaire aborde les thèmes de la souffrance, de l'inégalité et de la condition humaine avec un humour mordant et une grande perspicacité. À travers le personnage de Candide, Voltaire remet en question l'idée que nous vivons dans le meilleur des mondes possibles, soulignant au contraire les défauts et les injustices qui persistent dans la société. Outre ses œuvres littéraires, Voltaire était un correspondant prolifique, s'engageant dans des débats avec d'autres penseurs de son temps et défendant ses convictions par le biais de lettres et d'essais. Sa correspondance avec des personnalités telles que Frédéric le Grand et Catherine la Grande a contribué à diffuser ses idées de tolérance, de raison et de droits de l'homme dans toute l'Europe. L'influence de Voltaire s'est étendue bien au-delà de son époque, inspirant les générations futures de penseurs et d'activistes à poursuivre la lutte pour la liberté et la justice. Sa position audacieuse contre l'oppression et son engagement inébranlable en faveur de la vérité ont consolidé sa place de champion de la liberté et de phare des lumières dans les annales de l'histoire intellectuelle. En outre, les contributions de Voltaire au développement du mouvement des Lumières ne sauraient être sous-estimées. Sa foi dans la raison, la science et le progrès comme moyens d'améliorer la société a trouvé un écho chez nombre de ses contemporains et a ouvert la voie à l'épanouissement de l'âge de raison. Les critiques de Voltaire à l'égard de la superstition, de l'inégalité et de l'autorité arbitraire ont jeté les bases d'une société plus rationnelle et plus juste. Dans sa vie personnelle, Voltaire a illustré les valeurs qu'il a défendues dans ses écrits. Il s'est fait le champion de la tolérance religieuse, plaidant pour la séparation de l'Église et de l'État et défendant l'idée que les individus devraient être libres de pratiquer leurs croyances sans craindre d'être persécutés. Malgré les réactions négatives des autorités religieuses et des pouvoirs en place, Voltaire n'a jamais faibli dans sa défense des droits de l'homme et des libertés civiles. En conclusion, l'impact de Voltaire sur le monde de la littérature, de la philosophie et de la politique est incommensurable. Sa quête incessante de la vérité, son engagement inébranlable en faveur de la justice et sa critique intrépide de la tyrannie ont laissé une marque indélébile dans l'histoire. Alors que nous continuons à nous débattre avec les questions de censure, de répression et d'injustice à notre époque, l'héritage de Voltaire nous rappelle que le combat pour la liberté et la raison est permanent et qu'il doit être défendu par chaque génération.

Impact des idées de Voltaire sur la génération révolutionnaire

L'impact de Voltaire sur la pensée des Lumières a été non seulement profond mais aussi multiple, englobant un large éventail de questions intellectuelles, sociales et politiques de son époque. Ses écrits, qui couvrent une grande diversité de genres, des essais aux pièces de théâtre en passant par les traités philosophiques et la correspondance, fournissent des commentaires perspicaces sur les idées et les institutions dominantes du XVIIIe siècle. L'une des plus grandes contributions de Voltaire est sa défense de la liberté de pensée et d'expression. Tout au long de son œuvre, il a défendu le droit des individus à remettre en question l'autorité et à contester les croyances traditionnelles. Son plaidoyer en faveur de la tolérance et de la liberté religieuse était en avance sur son temps, car il pensait que le progrès de la société ne pouvait être obtenu que par le libre échange des idées et le rejet des dogmes et des superstitions. Outre ses écrits philosophiques et politiques, Voltaire était également une figure littéraire prolifique. Ses pièces de théâtre, telles que "Zaïre" et "Le Fanatique, ou Mahomet le Prophète", abordent les thèmes controversés du fanatisme religieux et du choc des cultures. À travers ses œuvres littéraires, Voltaire ne se contente pas de divertir le public, il l'engage également dans une réflexion critique sur la condition humaine et la complexité des dilemmes moraux et éthiques. En outre, l'influence de Voltaire s'étend au-delà des frontières de la France. Sa correspondance avec des personnages clés de son époque, tels que la Grande Catherine de Russie et Frédéric le Grand de Prusse, a contribué à diffuser ses idées et à façonner le paysage politique de l'Europe. Son engagement dans les affaires internationales et son plaidoyer en faveur d'un ordre mondial plus juste et plus pacifique ont fait de lui une voix respectée dans les cercles diplomatiques. Malgré les réactions négatives et la censure des autorités, Voltaire est resté inébranlable dans son engagement à promouvoir la raison, la tolérance et les droits de l'homme. L'héritage qu'il a laissé en tant que défenseur des idéaux des Lumières, à savoir la liberté individuelle, la recherche rationnelle et le progrès social, continue aujourd'hui encore d'inspirer les chercheurs, les militants et les penseurs. En conclusion, l'impact durable de Voltaire sur le paysage intellectuel et culturel de l'ère des Lumières ne peut être surestimé. Par ses écrits et ses plaidoyers, il a remis en question des structures de pouvoir bien établies, a inspiré le changement social et a encouragé un esprit de recherche intellectuelle qui continue à façonner notre compréhension du monde et de la place que nous y occupons.

Chapter 8

Jean-Jacques Rousseau : Architecte du contrat social

L'itinéraire intellectuel de Jean-Jacques Rousseau a été profondément mêlé à ses expériences personnelles et à ses réflexions sur les complexités de la nature humaine et de la société. Né à Genève en 1712, Rousseau a connu un début de vie marqué par l'adversité et les difficultés, qui ont façonné son opinion sur la bonté inhérente des individus et l'influence corruptrice des structures sociétales. Son éducation, caractérisée par un sentiment d'aliénation et de rejet, lui a inculqué une profonde sensibilité aux injustices et aux inégalités qui régnaient dans son monde. En naviguant dans les cercles intellectuels du Paris du XVIIIe siècle, Rousseau a rencontré un large éventail de penseurs et d'idées qui allaient influencer son propre développement philosophique.

S'inspirant de sources aussi diverses que la philosophie classique, la pensée des Lumières et ses propres réflexions introspectives, Rousseau a élaboré une vision unique de la société et du gouvernement qui remet en question les idées reçues et appelle à une réorganisation radicale de la vie politique. Au cœur de la pensée de Rousseau se trouve le concept de contrat social, exposé dans son ouvrage phare, "Le contrat social", publié en 1762. Dans ce traité, Rousseau propose que les individus concluent un contrat social les uns avec les autres, renonçant à une partie de leur liberté naturelle en échange des avantages de la vie dans une société civile. Par cette association volontaire, les individus créent une volonté collective qui sert de base à l'autorité politique légitime, incarnant le principe de la souveraineté populaire et soulignant l'importance de la volonté générale pour guider les décisions gouvernementales. La vision du contrat social de Rousseau n'est pas simplement une construction théorique, mais une déclaration profondément morale et politique sur la nature des relations humaines et les responsabilités de la citoyenneté. En postulant l'existence d'une volonté partagée qui reflète les intérêts communs de la communauté, Rousseau a cherché à concilier la liberté individuelle avec le besoin de cohésion sociale, offrant un modèle de société juste et équitable fondé sur les principes du consentement mutuel et de la coopération. Outre ses écrits politiques, Rousseau a apporté des contributions significatives au domaine de l'éducation avec son ouvrage "Émile", publié la même année que "Le contrat social". Dans ce traité, Rousseau prône une approche naturaliste de l'éducation qui met l'accent sur le développement des capacités et des talents innés de l'enfant par le biais d'une expérience pratique et d'un enseignement individualisé. Rejetant les méthodes dominantes de mémorisation par cœur et de discipline autoritaire, la philosophie pédagogique de Rousseau souligne l'importance de cultiver l'autonomie et l'autosuffisance de l'enfant, en nourrissant un sens de la responsabilité morale et de l'indépendance qui est essentiel pour une pleine participation à la vie civique. Les idées de Rousseau continuent de trouver un écho auprès des lecteurs et des chercheurs d'aujourd'hui, car ses idées profondes sur la nature de la liberté, de l'égalité et de l'épanouissement humain restent plus pertinentes et plus convaincantes que jamais. Son engagement à remettre en question les structures de pouvoir bien établies et à plaider pour une société plus juste et plus inclusive sert de phare à ceux qui cherchent à construire un monde meilleur fondé sur les principes du respect mutuel, de la solidarité et du bien-être collectif. L'héritage durable de Rousseau en tant que penseur, écrivain et visionnaire témoigne du pouvoir durable des idées qui parlent aux aspirations et aux luttes intemporelles de l'humanité.

Aperçu de la vie et de l'œuvre philosophique de Rousseau

L'impact de Jean-Jacques Rousseau sur la philosophie politique et la théorie de l'éducation se répercute à travers les siècles, ses idées continuant à façonner le discours contemporain sur la gouvernance, la justice sociale et l'autonomie individuelle. Né à Genève en 1712, Rousseau a connu un début de vie marqué par la tragédie et la tourmente, qui ont joué un rôle important dans la formation de son opinion sur la société et la nature humaine. L'ouvrage fondateur de Rousseau, "Discours sur l'origine et les fondements de l'inégalité parmi les hommes" (1755), reflète sa croyance en la bonté inhérente de l'être humain dans son état naturel. Il affirme que les structures et les institutions de la société, en particulier l'émergence de la propriété privée et de l'inégalité, corrompent les individus et conduisent à la perpétuation de l'injustice et de l'oppression. Cette critique de l'ordre social a jeté les bases de l'exploration ultérieure par Rousseau du concept de contrat social dans "Le contrat social" (1762). Dans "Le contrat social", Rousseau a proposé que l'autorité politique légitime découle de la volonté collective du peuple, connue sous le nom de volonté générale. Il soutient que les individus doivent volontairement participer à la formation du gouvernement et respecter les lois conformes à la volonté générale afin d'établir une société juste et équitable. L'accent mis par Rousseau sur la souveraineté du peuple et l'importance de la participation populaire à la gouvernance préfigure les principes démocratiques qui façonneront plus tard les systèmes politiques modernes. Les idées de Rousseau sur l'éducation sont tout aussi novatrices, comme en témoigne "Émile, ou de l'éducation" (1762). À travers le personnage d'Émile, Rousseau articule sa philosophie de l'éducation naturelle, qui met l'accent sur le développement de l'autonomie, de l'esprit critique et de la conscience morale de l'enfant. Il rejette les formes traditionnelles d'éducation qui reposent sur la mémorisation par cœur et l'autoritarisme, et préconise au contraire une approche centrée sur l'enfant qui respecte les besoins et les capacités uniques de chaque individu. En remettant en cause les idées dominantes sur la hiérarchie, l'autorité et l'inégalité, les écrits de Rousseau continuent d'inspirer les mouvements pour le changement social et la réforme politique. Son appel à une société plus juste et plus compatissante, fondée sur les principes de liberté, d'égalité et de solidarité, trouve un écho chez ceux qui cherchent à construire un monde qui respecte la dignité et les droits de tous les individus. L'héritage durable de Rousseau en tant que penseur visionnaire et défenseur de la liberté humaine témoigne du pouvoir durable de ses idées, qui ont façonné le cours de l'histoire et inspiré des générations d'activistes et de chercheurs dans leur lutte pour un avenir plus juste et plus équitable.

Concept de contrat social et de souveraineté populaire

Le concept de contrat social et de souveraineté populaire de Jean-Jacques Rousseau est une idée novatrice qui aura une influence profonde sur la génération révolutionnaire en France. Dans son ouvrage fondateur, "Le contrat social", Rousseau expose sa théorie sur la manière dont les individus peuvent s'unir pour former une communauté politique juste et légitime. Rousseau part du principe qu'à l'état de nature, les hommes sont libres et égaux, mais qu'au fur et à mesure que les sociétés se développent, des inégalités apparaissent, entraînant des conflits et des injustices. Pour surmonter ces difficultés, Rousseau a proposé que les individus concluent un contrat social les uns avec les autres, en renonçant à certains de leurs droits individuels pour créer un corps politique collectif. Ce contrat social établirait les règles et les institutions nécessaires au bon fonctionnement de la société, la volonté générale servant de principe directeur. Le concept de volonté générale est au cœur de la philosophie politique de Rousseau. Selon lui, la volonté générale représentait le bien commun de la communauté, transcendant l'intérêt individuel et reflétant les véritables besoins et désirs du peuple dans son ensemble. En suivant la volonté générale, les individus agissent conformément à l'intérêt collectif, ce qui garantit une société juste et équitable pour tous ses membres. L'idée de Rousseau de la souveraineté populaire, selon laquelle l'autorité politique ultime appartient au peuple, s'écarte radicalement de la notion dominante de monarchie de droit divin. Il pensait que le pouvoir devait découler du consentement des gouvernés et que les gouvernements devaient rendre des comptes au peuple qu'ils servaient. Ce principe de souveraineté populaire allait devenir un cri de ralliement pour les révolutionnaires cherchant à renverser les régimes oppressifs et à instaurer des formes de gouvernement plus démocratiques. Au cours de la Révolution française, les idées de Rousseau allaient être invoquées par des dirigeants tels que Maximilien Robespierre pour justifier des mesures radicales visant à faire prévaloir la volonté générale du peuple. Toutefois, l'application des principes de Rousseau fera également l'objet de critiques, certains affirmant que le concept de volonté générale pourrait être manipulé pour justifier un régime autoritaire. Malgré ces débats, le concept de contrat social et de souveraineté populaire de Rousseau continue de façonner notre compréhension de la gouvernance démocratique. Il nous rappelle que le gouvernement tire sa légitimité du consentement des gouvernés et que l'objectif ultime de l'autorité politique doit être de promouvoir le bien-être de la communauté dans son ensemble. L'héritage de Rousseau nous incite à lutter continuellement pour une société plus juste et plus équitable, où les principes de liberté, d'égalité et de fraternité sont respectés pour tous les individus. En outre, l'accent mis par Rousseau sur l'importance de la vertu civique et de la participation active au processus politique a résonné tout au long de l'histoire, inspirant des mouvements en faveur de la justice sociale et de la réforme démocratique. Sa croyance en la capacité des gens ordinaires à façonner leur propre destin et à déterminer collectivement le cours de leur société a servi de phare puissant aux mouvements progressistes cherchant à promouvoir les droits et les intérêts des groupes marginalisés. En conclusion, les idées de Jean-Jacques Rousseau sur le contrat social, la volonté générale et la souveraineté populaire ont laissé une marque indélébile sur la pensée et la pratique politiques. En remettant en question les notions traditionnelles d'autorité et de pouvoir, Rousseau a contribué à jeter les bases de la gouvernance démocratique moderne et de la quête permanente d'une société plus juste et plus équitable. Sa vision d'une société fondée sur le consentement mutuel, l'égalité et l'autodétermination collective continue d'inspirer les individus et les mouvements qui s'efforcent de créer un monde meilleur pour tous.

Influence sur les dirigeants révolutionnaires et le gouvernement républicain

Le concept de contrat social et de souveraineté populaire de Jean-Jacques Rousseau a eu un impact profond non seulement sur la Révolution française, mais aussi sur la pensée politique et la philosophie en général. Les idées de Rousseau remettaient en question les notions dominantes de monarchie et d'aristocratie, en prônant un gouvernement qui tire son autorité du consentement des gouvernés. Sa théorie du contrat social postule que les individus se réunissent volontairement pour former une communauté et établir un gouvernement qui sert le bien commun. Cette idée a trouvé un écho profond chez les révolutionnaires qui cherchaient à rompre avec le pouvoir oppressif des monarques et des aristocrates et à établir un gouvernement qui représente véritablement la volonté du peuple. La notion de volonté générale, ou d'intérêt collectif de la communauté, est un principe central de la philosophie politique de Rousseau. Selon lui, la volonté générale, lorsqu'elle est correctement identifiée et mise en œuvre, conduit à une société juste et harmonieuse. Pendant la Révolution française, des dirigeants tels que Robespierre et Danton ont adopté les idées de Rousseau, envisageant une société fondée sur les principes d'égalité, de liberté et de fraternité. La Déclaration des droits de l'homme et du citoyen, inspirée des idéaux de Rousseau, proclame les droits fondamentaux de chaque individu et souligne l'importance de la souveraineté populaire et du gouvernement représentatif. La tentative du gouvernement révolutionnaire de mettre en œuvre la vision de Rousseau d'une république vertueuse, gouvernée par la volonté générale, a conduit au règne de la Terreur, une période de violence et de bouleversements intenses. Le régime jacobin de Robespierre cherchait à purifier la société et à éliminer les ennemis supposés de la révolution, convaincu que seules des mesures extrêmes permettraient de réaliser la volonté générale. Les excès du règne de la Terreur, caractérisés par des exécutions massives et des purges politiques, ont soulevé des questions sur les dangers de la poursuite de la volonté générale au détriment des libertés individuelles. Les critiques ont affirmé que le gouvernement révolutionnaire avait sombré dans l'autoritarisme et la tyrannie, contredisant les principes mêmes de liberté et d'égalité qui avaient inspiré la révolution. Malgré ces défis, les idées de Rousseau ont continué à façonner le discours politique et ont inspiré les mouvements ultérieurs en faveur de la démocratie et de la justice sociale. Son insistance sur l'importance de la souveraineté populaire et du bien commun a trouvé un écho auprès de générations de penseurs et d'activistes cherchant à construire des sociétés plus justes et plus équitables. Ainsi, l'héritage de Jean-Jacques Rousseau et son influence sur la Révolution française restent un témoignage de la quête durable d'un gouvernement qui représente véritablement la volonté du peuple et défend les valeurs de la liberté, de l'égalité et de la fraternité. La tension entre les visions idéalistes de la volonté générale et les réalités pratiques de la gouvernance reste un thème central dans la quête permanente d'une gouvernance démocratique dans le monde entier.

Chapter 9

Montesquieu : Défenseur du gouvernement constitutionnel

L'impact de "L'esprit des lois" de Montesquieu a dépassé sa publication initiale en 1748, devenant un texte fondamental dans le développement de la théorie politique moderne et de la conception constitutionnelle. Son exploration de la nature de la loi et du gouvernement a offert une analyse complète des diverses formes d'organisation politique, mettant en lumière les principes sous-jacents qui gouvernent les sociétés. Au cœur du cadre philosophique de Montesquieu se trouve le concept de la séparation des pouvoirs, qu'il considère comme essentiel pour prévenir l'abus d'autorité et sauvegarder les libertés individuelles. En préconisant la répartition des fonctions gouvernementales entre des pouvoirs distincts - législatif, exécutif et judiciaire -, il cherchait à créer un système de freins et de contrepoids qui garantirait la distribution du pouvoir et empêcherait tout pouvoir de devenir tyrannique. S'appuyant sur un large éventail d'exemples historiques et contemporains, Montesquieu a examiné les diverses façons dont les gouvernements fonctionnaient et les facteurs qui influençaient leur efficacité. Il a souligné l'importance de comprendre le contexte social, culturel et économique dans lequel les systèmes politiques fonctionnent, insistant sur la nécessité d'une approche nuancée de la gouvernance qui tienne compte des complexités des sociétés humaines. L'insistance de Montesquieu sur la primauté de l'État de droit en tant que principe de gouvernement reflète sa conviction de l'importance des normes et des procédures juridiques pour garantir la justice et protéger les droits individuels. En défendant l'idée que les lois doivent être claires, cohérentes et appliquées de manière impartiale, il a cherché à établir un cadre pour une société juste et équitable où les droits des citoyens sont respectés et protégés. L'héritage durable de l'œuvre de Montesquieu se traduit par son influence sur les penseurs politiques ultérieurs et sur le développement des démocraties constitutionnelles dans le monde entier. Ses idées ont contribué à jeter les bases des systèmes politiques modernes, inspirant des générations de chercheurs, d'hommes d'État et d'activistes à s'efforcer de mettre en place une gouvernance qui respecte les valeurs de liberté, d'égalité et de justice. Grâce à ses idées profondes sur la nature du pouvoir et de la gouvernance, Montesquieu reste une figure marquante de l'histoire de la pensée politique, dont les contributions continuent de résonner dans la quête permanente d'une société plus juste et plus équitable.

Biographie de Montesquieu et L'esprit des lois

Montesquieu, de son nom complet Charles-Louis de Secondat, baron de La Brède et de Montesquieu, est un philosophe et penseur politique français né en 1689. Issu d'une famille noble, il a fait des études de droit et a obtenu un poste de juge à Bordeaux. En 1748, Montesquieu publie son ouvrage le plus célèbre, "L'Esprit des lois", qui constitue une exploration révolutionnaire de la théorie politique. Dans cet ouvrage fondamental, Montesquieu examine les principes qui régissent l'organisation des États et la relation entre les structures gouvernementales et le bien-être de la société. "L'Esprit des lois" a été un ouvrage pionnier en science politique et reste influent à ce jour. La thèse centrale du livre de Montesquieu est le concept de la séparation des pouvoirs au sein d'un système gouvernemental. Selon lui, un gouvernement efficace doit être divisé en trois branches : l'exécutif, le législatif et le judiciaire. Chaque branche aurait ses propres pouvoirs et responsabilités, créant ainsi un système d'équilibre des pouvoirs qui empêcherait une branche de devenir trop puissante. Montesquieu a également exploré l'idée de l'État de droit, soulignant l'importance des principes juridiques qui s'appliquent à tous les individus, y compris au dirigeant. Il estime qu'un gouvernement juste doit être fondé sur des lois claires, cohérentes et équitables, et que ces lois doivent être conçues pour protéger les droits et les libertés du peuple. "L'esprit des lois" a eu un impact profond sur le développement des institutions démocratiques dans le monde entier. Les idées de Montesquieu ont influencé les auteurs de la Constitution des États-Unis, qui ont intégré le principe de la séparation des pouvoirs dans la structure du gouvernement américain. Son œuvre a également contribué à façonner la pensée de philosophes politiques et de réformateurs ultérieurs qui ont cherché à créer des sociétés plus justes et plus équitables. Dans l'ensemble, "L'esprit des lois" de Montesquieu constitue un témoignage durable de son héritage intellectuel et de sa contribution pérenne à la théorie politique.

Théories sur la séparation des pouvoirs et l'État de droit

L'ouvrage novateur de Montesquieu, "L'esprit des lois", a non seulement révolutionné la théorie politique, mais a également eu un impact durable sur le développement des systèmes démocratiques modernes. Au cœur de la philosophie de Montesquieu se trouve le concept de séparation des pouvoirs, qu'il juge essentiel pour sauvegarder les libertés individuelles et prévenir les abus de pouvoir. En préconisant la répartition des fonctions gouvernementales entre différents pouvoirs - législatif, exécutif et judiciaire - Montesquieu a cherché à établir un système de freins et de contrepoids qui garantirait la responsabilité et la transparence des détenteurs du pouvoir. Cette approche novatrice de la gouvernance s'éloignait des systèmes monarchiques dominants de l'époque, où l'autorité incontrôlée conduisait souvent à l'oppression et à l'injustice. La séparation des pouvoirs, telle qu'articulée par Montesquieu, visait à créer un système dans lequel chaque branche du gouvernement avait des rôles et des responsabilités spécifiques, avec des mécanismes en place pour empêcher toute branche d'acquérir une influence ou un contrôle indus. En limitant le pouvoir d'une seule entité et en répartissant l'autorité entre plusieurs branches, Montesquieu estimait que le risque de tyrannie pouvait être minimisé, favorisant ainsi une société plus stable et plus équitable. En outre, l'accent mis par Montesquieu sur l'État de droit en tant que principe fondamental de gouvernance soulignait l'importance de la cohérence juridique, de la prévisibilité et de l'égalité devant la loi. Selon lui, une société juste ne peut être réalisée que si les lois sont appliquées de manière impartiale et sans discrimination, garantissant à tous les individus les mêmes protections et les mêmes droits. L'État de droit, selon Montesquieu, sert de cadre moral et juridique qui limite l'arbitraire et défend les droits fondamentaux des citoyens. En établissant des normes et des procédures juridiques claires, les sociétés peuvent atténuer le risque d'autoritarisme et promouvoir une culture de respect des libertés et de la dignité individuelles. L'influence durable de Montesquieu sur la pensée politique est évidente dans l'adoption généralisée de ses idées dans le monde entier. Les principes de la séparation des pouvoirs et de l'État de droit continuent de façonner la conception constitutionnelle et les systèmes juridiques modernes, servant de piliers à la démocratie et à la gouvernance. L'héritage de Montesquieu témoigne de la pertinence durable de ses idées et du pouvoir de transformation d'une philosophie politique éclairée.

Impact sur le développement des institutions démocratiques

Les contributions de Montesquieu à la théorie politique et au développement de la gouvernance démocratique sont véritablement monumentales. Son ouvrage fondamental, "L'esprit des lois", publié en 1748, reste une pierre angulaire de la philosophie politique et a eu un impact durable sur la structure des gouvernements dans le monde entier. L'une des contributions les plus importantes de Montesquieu est sa théorie de la séparation des pouvoirs. Selon lui, pour éviter le despotisme et protéger les libertés individuelles, les pouvoirs du gouvernement doivent être répartis entre des branches distinctes : le législatif, l'exécutif et le judiciaire. Cette séparation garantit qu'aucune branche ne peut dominer les autres, maintenant ainsi un système d'équilibre des pouvoirs qui protège de la tyrannie. En outre, Montesquieu a souligné l'importance de l'État de droit en tant que principe fondamental d'une société bien ordonnée. Il estime que les lois doivent être claires, cohérentes et appliquées de la même manière à tous les citoyens, sans parti pris. Ce concept d'égalité juridique constitue le fondement d'un gouvernement juste et stable qui respecte les droits de ses citoyens. La théorie de Montesquieu sur la séparation des pouvoirs n'est pas un concept nouveau, puisque des philosophes antérieurs comme Aristote et John Locke en avaient déjà formulé des éléments. Cependant, la contribution unique de Montesquieu réside dans son exploration détaillée de la manière dont ces branches distinctes du gouvernement peuvent interagir et se compléter afin de promouvoir un système de gouvernement qui protège les libertés individuelles. En établissant des responsabilités distinctes pour chaque branche et en délimitant les limites de leur autorité, Montesquieu a cherché à créer un système qui empêcherait une branche de devenir trop puissante et de porter atteinte aux droits du peuple. En outre, les idées de Montesquieu sur l'importance des institutions politiques et leur impact sur la société sont profondément enracinées dans sa compréhension de l'histoire et de la culture.

S'appuyant sur des exemples tirés de la Grèce antique, de Rome et de l'Europe contemporaine, il a mis en évidence la manière dont les différentes formes de gouvernement influençaient le comportement des individus et façonnaient le caractère général d'une société. Son analyse a démontré que la structure du gouvernement, la répartition du pouvoir et le cadre juridique jouaient tous un rôle crucial dans la détermination de la stabilité et de la prospérité d'une nation. En conclusion, l'héritage durable de Montesquieu réside dans ses idées profondes sur la nature du pouvoir politique, la nécessité d'équilibre et de modération dans la gouvernance et le rôle crucial des lois dans la sauvegarde des libertés individuelles. Ses idées continuent de résonner dans la pensée politique moderne, servant de base essentielle au développement de sociétés démocratiques fondées sur les principes d'un gouvernement limité, de la séparation des pouvoirs et de l'État de droit.

Chapter 10

Diderot et les Encyclopédistes : Les gardiens du savoir

L'influence de Denis Diderot en tant qu'écrivain et intellectuel s'est étendue bien au-delà des pages de l'Encyclopédie. Né dans une famille d'artisans, il a défié les attentes sociales en poursuivant une carrière littéraire et philosophique. Les premières œuvres de Diderot, telles que la "Lettre sur les aveugles" et les "Pensées sur l'interprétation de la nature", reflètent son intérêt croissant pour la remise en question des croyances conventionnelles et l'exploration de nouvelles façons de penser. Au fur et à mesure que sa réputation d'écrivain et de penseur grandit, Diderot se fait connaître pour son esprit acéré, son ironie ludique et sa critique intrépide du statu quo. Dans ses œuvres littéraires, telles que le roman "Jacques le fataliste" et le dialogue philosophique "Le neveu de Rameau", Diderot s'est penché sur les questions du libre arbitre, de la moralité et de la nature de la vérité. Son style d'écriture est marqué par un mélange unique de scepticisme et d'optimisme, alors qu'il se débat avec les complexités de l'existence humaine et les limites de la connaissance. Le rôle de Diderot en tant qu'éditeur de l'Encyclopédie a été le couronnement de sa carrière, mais il l'a également mis en conflit direct avec les autorités qui cherchaient à réprimer la diffusion d'idées radicales. Malgré la censure et le harcèlement, Diderot est resté fidèle à son engagement en faveur de la liberté intellectuelle et de la recherche de la vérité. Son engagement à promouvoir l'éducation et la raison en tant qu'outils de progrès social a ouvert la voie aux futures générations de penseurs qui ont remis en question l'orthodoxie et plaidé en faveur du changement social. Au-delà de ses efforts littéraires et philosophiques, Diderot a également apporté des contributions significatives aux domaines de la critique d'art et de l'esthétique. Ses "Salons" étaient une série d'essais critiques dans lesquels il analysait le travail d'artistes contemporains et explorait le rôle de l'art dans la société. Son sens aigu du détail et sa vision nuancée du processus créatif ont influencé des générations de critiques et d'historiens de l'art, consolidant sa réputation de pionnier dans le monde de l'esthétique. L'héritage de Denis Diderot en tant qu'écrivain, penseur et défenseur de la liberté intellectuelle perdure encore aujourd'hui. Sa croyance dans le pouvoir de la connaissance pour transformer la société et son engagement inébranlable à remettre en question les croyances les plus ancrées continuent d'inspirer les chercheurs, les activistes et les artistes du monde entier. Par ses écrits et son travail éditorial sur l'Encyclopédie, Diderot a laissé une marque indélébile sur l'ère des Lumières et a établi une norme d'engagement intellectuel qui résonne encore aujourd'hui.

Le rôle de Diderot en tant qu'éditeur de l'Encyclopédie

L'influence de Denis Diderot en tant que figure clé du siècle des Lumières s'est étendue bien au-delà de son rôle éditorial dans le projet monumental de l'Encyclopédie. Né en 1713 à Langres, en France, les premières années de Diderot sont marquées par un appétit vorace de connaissances et une intelligence vive qui le distinguent de ses contemporains. Son éducation dans une famille bourgeoise lui a permis d'accéder à l'éducation et aux activités intellectuelles, jetant ainsi les bases de ses futures contributions à la philosophie, à la littérature et à la critique d'art. Les travaux littéraires et philosophiques de Diderot se caractérisent par un engagement fervent à remettre en question les croyances traditionnelles et à défendre le pouvoir de la raison et de la connaissance. Auteur prolifique, il a exploré un large éventail de sujets, de la morale et de l'éthique à l'esthétique et à la métaphysique. Ses recherches philosophiques portent sur la nature de la vérité, les complexités de la nature humaine et la recherche de la vertu dans un monde marqué par l'ambiguïté morale. Outre ses activités intellectuelles, Diderot était également un fervent défenseur de la réforme sociale et de la justice. Ses écrits critiquaient souvent les structures de pouvoir et les normes sociétales existantes, appelant à une société plus équitable et plus humaine. À travers ses pièces de théâtre, ses essais et ses romans, Diderot cherchait à inciter ses lecteurs à remettre en question l'autorité, à contester l'injustice et à lutter pour un monde meilleur guidé par la raison et la compassion. Le rôle de Diderot en tant qu'éditeur de l'Encyclopédie illustre son dévouement à la diffusion du savoir et à la promotion de l'esprit critique. Malgré la résistance et la censure des autorités, Diderot a persévéré dans ses efforts pour créer un recueil complet et accessible des connaissances humaines qui permettrait aux lecteurs de réfléchir de manière indépendante et critique au monde qui les entoure. L'héritage de Denis Diderot et de l'Encyclopédie reste un témoignage du pouvoir durable des idées et du potentiel de transformation de la recherche intellectuelle. En défendant les idéaux des Lumières tels que la raison, la connaissance et le progrès, Diderot a laissé une marque indélébile sur le paysage intellectuel de son époque et continue d'inspirer les penseurs, les écrivains et les réformateurs jusqu'à aujourd'hui. À travers ses écrits et son travail éditorial, la vision de Diderot d'une société plus éclairée et plus juste perdure, servant de phare d'espoir et d'inspiration pour les générations futures qui cherchent à cultiver un monde plus compatissant et plus éclairé.

Diffusion des idées des Lumières

Diderot et les Encyclopédistes ont été à l'avant-garde d'un mouvement culturel et intellectuel qui cherchait à remettre en question les structures de pouvoir existantes et à promouvoir les valeurs de la raison, du progrès et des idéaux humanistes. Denis Diderot, en particulier, s'est imposé comme une figure centrale de cette révolution intellectuelle, guidant l'ambitieux projet de l'Encyclopédie avec une vision qui transcendait la simple compilation de connaissances. L'Encyclopédie, avec ses entrées méticuleuses couvrant divers domaines tels que la science, la philosophie, les arts et la politique, était une entreprise monumentale qui visait à démocratiser le savoir et à donner aux individus les outils de la pensée critique et de l'enquête rationnelle. Diderot et ses collaborateurs considéraient l'encyclopédie non seulement comme un recueil d'informations, mais aussi comme un agent de transformation capable de remettre en question l'autorité des institutions traditionnelles et de promouvoir une société plus juste et plus éclairée. L'esprit des Lumières imprégnait les pages de l'Encyclopédie, qui mettait l'accent sur le scepticisme, l'observation empirique et la croyance dans le progrès grâce à l'accumulation et à la diffusion des connaissances. Les Encyclopédistes ont cherché à démanteler les préjugés, les superstitions et les dogmes enracinés qui entravaient le progrès intellectuel et social, en plaidant pour une société plus ouverte et plus inclusive, fondée sur la raison et la tolérance. L'Encyclopédie n'était cependant pas exempte de critiques, car elle se heurtait à des institutions puissantes et à des intérêts particuliers qui cherchaient à maintenir le statu quo. Diderot et ses collaborateurs ont dû faire face à la censure, à la persécution et à la menace de suppression alors qu'ils contestaient les autorités établies et diffusaient des idées radicales qui remettaient en question les hiérarchies et les normes sociales existantes. Malgré ces défis, l'héritage de Diderot et des Encyclopédistes a perduré, inspirant des générations de penseurs, d'écrivains et d'activistes à poursuivre la quête du savoir et de la connaissance. L'Encyclopédie reste un témoignage du pouvoir des idées à façonner le cours de l'histoire et un rappel de la pertinence durable des principes de raison, de liberté et de dignité humaine qui ont animé le projet des Lumières.

Impact sur l'opinion publique et le mouvement révolutionnaire

Diderot et les Encyclopédistes : Les gardiens du savoir

Diderot a joué un rôle essentiel dans le paysage intellectuel de la France du XVIIIe siècle en tant que moteur du projet révolutionnaire connu sous le nom d'Encyclopédie. Cette œuvre monumentale, qui s'étend sur de nombreux volumes et couvre un large éventail de sujets, n'est pas seulement une compilation de faits et d'informations, mais une affirmation audacieuse du pouvoir de la raison et des lumières. Née du siècle des Lumières, l'Encyclopédie cherche à remettre en question les sources traditionnelles d'autorité, telles que la monarchie et l'Église catholique, et à promouvoir les valeurs de la liberté, de l'égalité et du progrès social. Diderot, ainsi que ses collaborateurs comme Jean le Rond d'Alembert, adhèrent à l'idée que le savoir doit être accessible à tous, et pas seulement à l'élite cultivée, et que l'éducation est la clé de la libération humaine. L'Encyclopédie n'est pas sans susciter des controverses. Son examen critique des institutions établies et sa diffusion d'idées radicales ont soulevé l'ire des forces conservatrices, ce qui a conduit à la censure et à la condamnation. Cependant, Diderot et ses collègues Encyclopédistes n'ont pas cédé à la tentation, convaincus que le savoir avait le pouvoir de transformer la société pour le mieux. Grâce à leurs recherches méticuleuses et à leurs essais détaillés, les Encyclopédistes ont cherché à remettre en question les superstitions dominantes, à démystifier les mythes et à promouvoir l'enquête scientifique. Ils pensaient qu'en élargissant la compréhension humaine et en encourageant la pensée critique, ils pourraient ouvrir la voie à une société plus juste et plus éclairée. L'impact de l'Encyclopédie s'est étendu bien au-delà des frontières de la France. Elle a inspiré des penseurs dans toute l'Europe et au-delà, les incitant à remettre en question les normes établies, à contester l'autorité et à plaider en faveur d'une réforme sociale. L'engagement des Encyclopédistes en faveur des idéaux des Lumières, tels que la raison, la tolérance et le progrès, a contribué à jeter les bases du bouillonnement intellectuel qui allait culminer avec la Révolution française. Les efforts inlassables de Diderot pour compiler et diffuser les connaissances par le biais de l'Encyclopédie ont laissé un héritage durable qui continue de résonner aujourd'hui. Sa vision d'une société éduquée et éclairée, guidée par la raison et la recherche critique, reste un rappel puissant de l'importance durable de la liberté intellectuelle et de la poursuite du savoir pour l'amélioration de l'humanité. L'Encyclopédie est un témoignage du pouvoir durable des idées et du potentiel de transformation du savoir. Elle reste non seulement une réussite scientifique, mais aussi un témoignage du courage et de l'engagement de Diderot et de ses collègues Encyclopédistes dans leur quête pour éclairer la voie vers un avenir plus juste et plus éclairé.

Chapter 11

Marat et les radicaux : Les voix du peuple

L'assassinat de Jean-Paul Marat n'a pas seulement marqué un tournant dans la Révolution française, il a également mis en lumière la dynamique complexe du pouvoir, de la passion et de l'idéologie qui a défini l'époque. Marat, connu sous le nom d'"Ami du peuple", s'était imposé comme une figure clé du mouvement révolutionnaire grâce à ses écrits incendiaires et à son plaidoyer sans concession pour les droits de l'homme. Son journal, L'Ami du peuple, était un puissant porte-parole de la cause révolutionnaire, ralliant le soutien à des mesures radicales et dénonçant les ennemis présumés de la révolution. La popularité de Marat parmi les sans-culottes, les classes populaires urbaines qui formaient l'épine dorsale de la ferveur révolutionnaire, faisait de lui une cible pour les forces contre-révolutionnaires qui cherchaient à étouffer la marée montante du mécontentement populaire. Les Girondins, une faction modérée au sein du gouvernement révolutionnaire, considèrent Marat comme un dangereux extrémiste dont les appels à l'action directe et à la violence menacent de déstabiliser la fragile république. Charlotte Corday, une jeune femme influencée par les idéaux des Girondins et cherchant à mettre fin aux excès radicaux de la révolution, voyait en Marat un symbole de la violence et du chaos qui engloutissaient la France. Les événements qui ont conduit à l'assassinat de Marat révèlent l'intense polarisation politique et les animosités personnelles qui divisaient les factions révolutionnaires. La décision de Corday de prendre les choses en main et de se rendre à Paris pour confronter Marat dans sa propre maison souligne le profond sentiment d'urgence et la conviction morale qui ont poussé les individus à prendre des mesures extrêmes au cours de cette période tumultueuse. La rencontre fatale entre Corday et Marat dans sa baignoire, où il écrivait fiévreusement comme il en avait l'habitude, symbolise le choc des idéologies et la convergence tragique du destin personnel et des forces historiques. Les conséquences de l'assassinat de Marat ont déclenché une vague de choc et de deuil parmi ses partisans, qui ont vu dans sa mort un coup cruel porté à la cause révolutionnaire et la perte d'un champion intrépide du peuple. Les Girondins, quant à eux, cherchent à tirer parti de ce meurtre pour discréditer les factions radicales et affirmer leur vision d'une république plus modérée et plus stable. Le procès et l'exécution de Charlotte Corday, saluée par certains comme une héroïne et condamnée par d'autres comme une traîtresse, ont encore mis en lumière la complexité du jugement moral et de l'allégeance politique en période de bouleversements. En fin de compte, l'héritage de Jean-Paul Marat et les circonstances de son assassinat continuent de susciter l'intérêt des historiens et des chercheurs, offrant une riche tapisserie d'interprétations contradictoires et de questions persistantes sur la nature de la violence révolutionnaire, du martyre politique et de la poursuite de la justice en temps de crise. Sa mort rappelle brutalement les enjeux élevés et les sacrifices personnels qu'exige la quête de liberté et d'égalité, et jette une longue ombre sur l'histoire mouvementée de la Révolution française.

Biographie de Marat et activisme révolutionnaire

Ce chapitre approfondi permet de mieux connaître la vie et l'héritage de Jean-Paul Marat, en mettant en lumière son activisme révolutionnaire et l'impact qu'il a eu sur le cours de la Révolution française. La radicalisation de Marat peut être attribuée à son expérience de médecin, où il a été le témoin direct de la détresse des pauvres et des laissés-pour-compte. Ses observations des vastes disparités entre les classes sociales ont alimenté son mécontentement croissant à l'égard de l'ordre existant et l'ont incité à dénoncer les injustices perpétrées par la monarchie et l'élite. En tant que rédacteur en chef de "L'Ami du peuple", Marat s'est servi du pouvoir de la presse pour amplifier les voix des gens du peuple et remettre en question les structures oppressives de l'Ancien Régime. Ses critiques cinglantes des classes dirigeantes ont touché la corde sensible des masses, qui ont vu en lui un défenseur intrépide des abus de pouvoir. Le plaidoyer de Marat en faveur de l'action directe et du soulèvement populaire l'a distingué des voix plus modérées au sein du mouvement révolutionnaire. Son approche intransigeante et ses appels aux tribunaux révolutionnaires pour punir rapidement les ennemis de la révolution ont effrayé l'aristocratie et les royalistes, qui le considéraient comme un dangereux agitateur désireux de perturber l'ordre établi. Malgré les réactions négatives et les menaces qui pesaient sur sa vie, Marat est resté ferme dans son engagement pour la cause de la révolution. Sa participation aux débats politiques de la Convention nationale et son alignement sur les Montagnards radicaux ont consolidé sa réputation de révolutionnaire fougueux prêt à tout pour faire avancer les principes de liberté, d'égalité et de fraternité. La fin tragique de la vie de Marat aux mains de Charlotte Corday, une jeune sympathisante girondine qui cherchait à se venger des excès perçus de la révolution, n'a fait que le martyriser aux yeux de ses partisans. La mort de Marat est devenue un cri de ralliement pour ceux qui croyaient au pouvoir transformateur de la révolution populaire et à la nécessité d'affronter les structures du pouvoir en place avec une détermination inflexible. Dans sa mort, Marat est devenu un symbole de la ferveur révolutionnaire qui a balayé la France à la fin du XVIIIe siècle, inspirant les générations futures à défier l'oppression et à défendre les droits des marginaux. Son héritage de penseur radical et de militant intransigeant témoigne du pouvoir durable de la dissidence et de la quête d'une société plus juste et plus équitable. En outre, l'influence de Marat a dépassé les frontières de la France, inspirant d'autres mouvements révolutionnaires à travers l'Europe et au-delà. Le dévouement de Marat aux principes de la révolution, son engagement inébranlable pour la cause des gens ordinaires et sa volonté de tout sacrifier pour le bien commun lui ont assuré une place de choix dans les annales de l'histoire. Son héritage continue d'inspirer les nouvelles générations de militants et de réformateurs à défier l'oppression, à lutter pour l'égalité et à s'efforcer de créer un monde plus juste et plus équitable.

Idées radicales et plaidoyer pour un soulèvement populaire

Dans l'ère tumultueuse et révolutionnaire de la France de la fin du XVIIIe siècle, un personnage s'est distingué en tant que défenseur acharné des gens du peuple : Jean-Paul Marat. Connu pour sa rhétorique enflammée et ses idées radicales, Marat est devenu une voix importante du mouvement révolutionnaire, défendant la cause des opprimés et appelant à des mesures drastiques pour remédier aux injustices sociales de l'époque. Né en Suisse en 1743, Marat est un médecin de formation qui s'est ensuite tourné vers le journalisme et l'activisme politique. Ses écrits, notamment dans son journal "L'Ami du peuple", lui ont valu une large audience parmi les classes inférieures qui voyaient en lui un défenseur de leurs droits. Les critiques acerbes de Marat à l'égard de la monarchie, de la noblesse et du clergé ont touché une corde sensible chez de nombreuses personnes qui se sentaient marginalisées et opprimées par l'ordre social existant. Les idées radicales de Marat appelaient à des mesures drastiques pour remédier aux inégalités et aux injustices qui imprégnaient la société française. Il prône la redistribution des richesses, l'abolition des privilèges de l'aristocratie et l'émancipation de la classe ouvrière. Ses appels au soulèvement populaire et à l'action directe ont trouvé un écho auprès de ceux qui estimaient que les réformes progressives n'étaient pas suffisantes pour apporter un véritable changement. L'un des slogans les plus célèbres de Marat était "L'ami du peuple demande la tête du tyran", prônant l'exécution de ceux qu'il considérait comme des ennemis de la révolution. Sa rhétorique incendiaire et sa position intransigeante ont fait de lui une figure polarisante, vénérée par certains comme un héros du peuple et condamnée par d'autres comme un extrémiste et un dangereux agitateur. Malgré ses méthodes controversées et ses opinions intransigeantes, Marat a joué un rôle important dans l'évolution de la Révolution française. Ses appels au soulèvement populaire et à la démocratie directe ont contribué à la radicalisation du mouvement révolutionnaire et à l'arrivée au pouvoir des Jacobins. Marat a été une figure clé du règne de la Terreur, une période d'effusion de sang et de répression politique intense visant à purger les éléments contre-révolutionnaires et à consolider le pouvoir du gouvernement révolutionnaire. En fin de compte, la vie de Marat a été écourtée lorsqu'il a été assassiné dans sa baignoire par Charlotte Corday, une partisane de la faction modérée des Girondins. Sa mort n'a fait qu'élever son statut de martyr parmi ses partisans et consolider sa place dans l'histoire en tant que symbole de la ferveur révolutionnaire et de l'engagement sans compromis pour la cause du peuple. Marat et les radicaux ont pu être considérés comme des figures extrêmes et discordantes à leur époque, mais leur héritage continue d'inspirer des générations de militants et de révolutionnaires qui cherchent à remettre en question les systèmes oppressifs, à plaider pour la justice sociale et à donner du pouvoir aux marginaux et aux laissés-pour-compte. Leurs voix nous rappellent le pouvoir de la dissidence, l'importance de dire la vérité au pouvoir et la lutte permanente pour une société plus juste et plus équitable.

Rôle dans l'élaboration de la révolution et du règne de la terreur

En tant que journaliste et homme politique pendant la Révolution française, Jean-Paul Marat a exercé une influence considérable sur le cours des événements révolutionnaires. Né en Suisse en 1743, le jeune Marat est marqué par un idéalisme inquiet et un engagement fervent en faveur de la justice sociale. Après avoir fait carrière dans la médecine, Marat a été profondément marqué par ses expériences auprès des populations pauvres et marginalisées de Paris, ce qui l'a incité à se tourner vers l'activisme politique et l'écriture révolutionnaire. Le journal de Marat, "L'Ami du peuple", est devenu un outil puissant pour diffuser ses idées radicales et sa rhétorique incendiaire. Au fil des pages, Marat dénonce les injustices de l'ancien régime et appelle au renversement de la monarchie et de l'aristocratie au profit d'une société plus égalitaire. Ses dénonciations virulentes de la corruption et de l'oppression ont touché une corde sensible chez de nombreux citoyens privés de leurs droits, galvanisant le soutien à la cause révolutionnaire. Au fur et à mesure que la révolution se déroulait, l'influence de Marat s'étendait bien au-delà de la page imprimée. Il est devenu une figure clé de la politique révolutionnaire, s'alignant sur la faction radicale des Jacobins dirigée par Maximilien Robespierre. Le plaidoyer sans concession de Marat pour les droits des gens du peuple et ses appels à de vastes réformes sociales et politiques lui ont valu une ferveur parmi les éléments les plus radicaux de la Révolution. En tant que membre de la faction radicale de la Convention nationale, Marat est devenu un fervent défenseur de l'utilisation de la violence révolutionnaire pour atteindre les objectifs de transformation de la Révolution. Sa conviction que le règne de la Terreur était nécessaire pour purger la nation des forces contre-révolutionnaires et garantir les acquis de la Révolution l'a mis en porte-à-faux avec les voix plus modérées au sein du gouvernement révolutionnaire. Néanmoins, Marat est resté ferme dans ses convictions, convaincu que la fin justifiait les moyens dans la poursuite d'une société plus juste et plus égalitaire. Malgré ses contributions à la Révolution, l'héritage de Marat reste contesté. Ses détracteurs l'accusent de promouvoir l'autoritarisme et de préconiser des mesures extrêmes qui ont fini par saper les idéaux de liberté et d'égalité. Cependant, les partisans de Marat célèbrent son dévouement inébranlable à la cause du peuple et sa volonté d'affronter les structures du pouvoir en place dans la poursuite d'une société plus juste. En conclusion, l'héritage complexe de Jean-Paul Marat en tant qu'écrivain, activiste et figure révolutionnaire continue de susciter des débats et des discussions parmi les historiens et les universitaires. Son engagement passionné pour la justice sociale, sa volonté de défier l'autorité et son rôle dans les événements tumultueux de la Révolution française témoignent de son importance durable dans les annales de l'histoire.

L'héritage des révolutionnaires

Les révolutionnaires de la Révolution française ont laissé derrière eux un héritage complexe et multiforme qui continue d'être disséqué et débattu par les historiens et les chercheurs du monde entier. Leurs actions à la fin du XVIIIe siècle ont fondamentalement changé le cours de l'histoire de la France et du monde, déclenchant une série d'événements qui allaient façonner le paysage politique pour les années à venir. Au fond, la Révolution française était une lutte profonde pour la liberté, l'égalité et la fraternité. Inspirés par les idéaux des Lumières de penseurs tels que Voltaire, Rousseau et Montesquieu, les révolutionnaires ont cherché à démanteler les structures oppressives de l'ancien régime et à construire une nouvelle société fondée sur les principes des droits individuels et de la justice sociale. La Déclaration des droits de l'homme et du citoyen, formulée en 1789, articule ces nobles aspirations et jette les bases d'une société plus juste et plus égalitaire. Cependant, le chemin menant à la réalisation de ces idéaux est semé d'embûches et de contradictions. L'engagement passionné des révolutionnaires en faveur de la liberté s'est souvent heurté à leur besoin d'ordre et d'autorité, ce qui a conduit à la création du Comité de salut public et à l'avènement du règne de la Terreur. Les exécutions massives de ceux qui étaient perçus comme des ennemis de la révolution, notamment des personnalités comme Robespierre, Marat et Danton, ont révélé les dessous sombres de la ferveur révolutionnaire et les dangers d'un pouvoir incontrôlé. En outre, les tentatives des révolutionnaires pour remodeler la société et l'économie françaises se sont heurtées à des obstacles redoutables. La mise en œuvre des principes d'égalité et de fraternité s'est avérée difficile, car les disparités de richesse et de statut social ont persisté malgré la rhétorique égalitaire de la révolution. L'émergence de factions et de rivalités au sein du gouvernement révolutionnaire a également entravé les efforts visant à mettre en œuvre des réformes significatives, soulignant les difficultés à maintenir l'unité et la cohérence dans une période de bouleversements et d'incertitudes. L'héritage de la Révolution française est une tapisserie complexe de triomphes et de tragédies, d'idéaux poursuivis et de compromis réalisés. L'instauration du régime napoléonien au lendemain de la Révolution a marqué un tournant vers l'autoritarisme et la centralisation du pouvoir, ce qui a encore compliqué l'héritage révolutionnaire. Si Napoléon a consolidé le contrôle et apporté la stabilité à la France, son règne s'est éloigné des aspirations démocratiques des révolutionnaires, soulevant des questions sur la véritable nature de l'impact de la révolution sur la société et la politique françaises. En réfléchissant à l'héritage de la révolution française, nous sommes confrontés à une histoire nuancée et à multiples facettes qui défie toute catégorisation simple. La lutte des révolutionnaires pour la justice et la liberté continue d'inspirer des mouvements pour le changement dans le monde entier, tandis que leurs faux pas et leurs excès servent de mise en garde contre les dangers du zèle révolutionnaire. En affrontant ces complexités, nous pouvons mieux comprendre l'importance durable de la Révolution française et sa pertinence pour les discussions contemporaines sur la démocratie, les droits et la transformation sociale.

Évaluation des réalisations et des échecs

La Révolution française est un chapitre monumental de l'histoire, caractérisé par une interaction complexe de réussites et d'échecs profonds qui ont laissé une marque indélébile sur le cours du progrès humain. Un examen critique de cette époque révolutionnaire révèle une tapisserie nuancée d'idéaux, d'actions et de conséquences qui continuent de résonner dans les sociétés contemporaines du monde entier. L'une des réussites les plus durables de la Révolution française est le changement radical des structures politiques qui s'est opéré dans son sillage. En renversant le régime monarchique et en favorisant l'avènement d'une forme républicaine de gouvernement, les révolutionnaires ont inauguré une nouvelle ère de gouvernance fondée sur les principes de la souveraineté populaire et de la représentation démocratique. Cette expérience audacieuse de réorganisation politique a permis aux citoyens ordinaires de participer aux affaires de l'État, marquant ainsi un tournant dans l'histoire de la pensée et de la pratique politiques. En outre, l'engagement inébranlable des révolutionnaires envers les principes de liberté et d'égalité a laissé une empreinte indélébile dans la conscience collective du peuple français et au-delà. Grâce à des réformes radicales qui ont démantelé la hiérarchie enracinée du féodalisme, aboli les privilèges oppressifs et consacré les droits de l'homme et du citoyen, les révolutionnaires ont cherché à établir une société plus juste et plus égalitaire où tous les individus pouvaient bénéficier de droits et d'opportunités fondamentaux, quel que soit leur statut social. Cependant, malgré les nobles idéaux et les aspirations des révolutionnaires, la Révolution française a également été entachée d'un sombre revers de violence, d'effusion de sang et de démesure. La descente dans le règne de la Terreur, avec ses exécutions aveugles et sa répression systématique de la dissidence, nous rappelle avec effroi les dangers d'une ferveur révolutionnaire incontrôlée et les dangers de sacrifier les droits de l'homme au nom de la pureté idéologique. La descente de la révolution dans le chaos et l'instabilité a mis en évidence la fragilité de l'ordre social et la complexité inhérente à l'introduction de changements significatifs dans une société en proie à des bouleversements tumultueux.

En outre, les luttes des révolutionnaires pour naviguer dans les courants tumultueux du fractionnisme politique et des luttes internes ont révélé les défis inhérents à la formation d'un consensus et d'une unité au milieu d'intérêts divers et d'idéologies concurrentes. La nature fracturée de la politique révolutionnaire, marquée par des alliances changeantes, des luttes de pouvoir et des schismes idéologiques, a entravé la capacité des révolutionnaires à mettre en œuvre des réformes durables et à favoriser un sens de l'objectif collectif et de la cohésion. Cette discorde interne a finalement semé les graines de la division et de la discorde qui allaient façonner les lendemains tumultueux de la Révolution et ouvrir la voie à la montée des régimes autoritaires. En réfléchissant à l'héritage multiforme de la Révolution française, il devient évident que son impact profond s'étend bien au-delà des frontières du temps et de l'espace. Les triomphes et les tribulations de cette période transformatrice de l'histoire sont un rappel poignant de la quête durable de justice, d'égalité et de liberté qui continue d'animer les aspirations des sociétés du monde entier. En plongeant dans les complexités et les contradictions de la Révolution, nous obtenons des informations précieuses sur les complexités de la nature humaine, les défis de la transformation politique et la lutte permanente pour réconcilier les idéaux avec les réalités dans la poursuite continue d'un monde plus juste et plus équitable. La Révolution française est également un creuset d'effervescence intellectuelle, donnant lieu à un discours vibrant sur la nature du pouvoir, de la gouvernance et de la justice sociale qui se répercutera tout au long des siècles. Les écrits des philosophes des Lumières tels que Rousseau, Voltaire et Montesquieu ont fourni les fondements idéologiques des revendications des révolutionnaires en matière de réforme politique et de transformation sociale. L'époque révolutionnaire a vu l'émergence de nouveaux modes de pensée et d'expression politiques, les pamphlets, les journaux et les discours publics devenant des outils puissants pour galvaniser le soutien populaire et façonner l'opinion publique.

En outre, la production culturelle et artistique de la période révolutionnaire a reflété l'esprit tumultueux de l'époque, les artistes, les écrivains et les musiciens étant aux prises avec les profonds changements qui balayaient la société française. Le mouvement romantique, qui met l'accent sur l'expression individuelle, l'intensité émotionnelle et la quête de liberté, a trouvé un terrain fertile dans l'éthique révolutionnaire du défi et de la provocation. Des peintres comme Eugène Delacroix ont capturé les luttes héroïques et les conséquences tragiques de la Révolution dans leurs œuvres d'art évocatrices, tandis que des écrivains comme Victor Hugo et Stendhal ont exploré les ambiguïtés morales et les dilemmes éthiques des bouleversements révolutionnaires dans leurs chefs-d'œuvre littéraires. La longue ombre projetée par la Révolution française englobe non seulement les bouleversements politiques et sociaux de la fin du XVIIIe siècle, mais résonne également avec une pertinence durable dans les débats contemporains sur la démocratie, les droits de l'homme et la justice sociale. L'héritage de la Révolution sert de mise en garde contre les dangers d'un pouvoir incontrôlé, de l'extrémisme idéologique et de l'érosion des libertés civiles dans la poursuite d'idéaux utopiques. En nous engageant de manière critique dans les complexités et les contradictions de cette période transformatrice de l'histoire, nous sommes amenés à prendre en compte les leçons durables et les tensions non résolues qui continuent à façonner notre compréhension du passé et à informer nos aspirations à un avenir plus juste et plus équitable.

Un impact durable sur la société et la culture politique françaises

La Révolution française a eu un impact profond et durable sur la société et la culture politique françaises. Le renversement de la monarchie et l'instauration d'une république ont ouvert une période d'immenses changements et transformations. L'un des résultats les plus importants de la Révolution a été l'abolition du système féodal et des privilèges de la noblesse et du clergé. Cela a marqué un changement fondamental dans la structure sociale de la France, ouvrant la voie à une société plus égalitaire fondée sur les principes de liberté, d'égalité et de fraternité. La Révolution a également apporté des changements significatifs dans le paysage politique de la France. La montée des idéaux républicains et la mise en place d'institutions démocratiques ont remis en cause le système monarchique traditionnel et ouvert la voie à un gouvernement représentatif moderne. Les principes révolutionnaires de la souveraineté populaire et des droits de l'homme ont influencé le développement de nouveaux cadres et institutions politiques, jetant les bases de la création d'un système politique plus inclusif et participatif. En outre, la Révolution française a eu un impact durable sur la vie culturelle et intellectuelle de la France. Les idéaux de liberté, d'égalité et de fraternité ont incité les artistes, les écrivains et les penseurs à explorer de nouveaux modes d'expression et de créativité. La période révolutionnaire a vu fleurir une littérature, un art et une philosophie qui reflétaient l'esprit de l'époque et ont contribué à façonner la culture française moderne. Des écrivains tels que Voltaire, Rousseau et Diderot ont joué un rôle crucial dans l'élaboration du climat intellectuel de la Révolution, en prônant le changement social et la réforme politique à travers leurs œuvres. L'impact transformateur de la Révolution française s'est étendu au-delà des frontières de la France, influençant les mouvements révolutionnaires à travers l'Europe et le monde. Les idées radicales de liberté, d'égalité et de fraternité ont déclenché des bouleversements politiques et des mouvements sociaux dans divers pays, remettant en cause les hiérarchies et les structures de pouvoir traditionnelles. La Révolution française a été une source d'espoir et d'inspiration pour les individus et les communautés qui cherchaient à se libérer des régimes oppressifs et à affirmer leur droit à l'autodétermination et à la liberté. Malgré sa nature tumultueuse et parfois violente, la Révolution française a laissé un héritage qui continue de résonner dans la société et la culture politique françaises jusqu'à aujourd'hui. Les valeurs et les principes qui ont émergé pendant cette période de transformation sont devenus partie intégrante de l'identité nationale de la France et ont influencé l'approche du pays en matière de gouvernance, de justice sociale et de droits de l'homme. L'héritage de la Révolution rappelle l'importance du maintien des valeurs démocratiques, de la défense des libertés individuelles et de la recherche d'une société plus juste et plus équitable. Alors que la France est confrontée à des défis et à des débats contemporains, l'impact durable de la Révolution reste une force directrice qui façonne l'identité collective du pays et inspire les générations futures à défendre les idéaux de liberté, d'égalité et de fraternité. L'influence de la Révolution se fait sentir dans la poursuite de la justice sociale, des réformes politiques et de la promotion des droits de l'homme, soulignant la pertinence durable de son héritage dans la quête permanente d'une société plus juste et plus inclusive.

Pertinence de leur vision pour les défis modernes

En examinant la pertinence de la vision des penseurs et révolutionnaires du siècle des Lumières pour les défis modernes, nous devons approfondir la complexité et la nuance de leurs idéaux de liberté, d'égalité et de fraternité. Le siècle des Lumières, caractérisé par un éveil intellectuel et philosophique fervent, a donné naissance à une vague de penseurs qui ont cherché à remettre en question l'autorité et les dogmes traditionnels, en prônant la rationalité, les droits individuels et le progrès social. Le concept de liberté, pierre angulaire de la pensée des Lumières, souligne l'importance de l'autonomie personnelle et de l'absence de contrôle oppressif de la part du gouvernement. Des personnalités comme Voltaire et John Locke ont défendu avec passion la protection des libertés civiles et de la liberté de pensée, ouvrant ainsi la voie aux débats actuels sur la surveillance, le droit à la vie privée et l'ingérence des gouvernements dans le monde contemporain. À une époque où les progrès technologiques ont brouillé les frontières entre les sphères publique et privée, l'appel des penseurs des Lumières à la sauvegarde des libertés individuelles reste plus pertinent que jamais. En outre, le principe d'égalité mis en avant par Rousseau et d'autres philosophes des Lumières a remis en question les hiérarchies bien ancrées de l'ancien régime, plaidant pour une société plus juste et plus égalitaire. L'héritage de leurs idées se retrouve dans les mouvements actuels en faveur de la justice sociale, les communautés marginalisées continuant à lutter pour l'égalité des droits et des chances face à la discrimination et à l'inégalité systémiques. L'appel à l'égalité de traitement et au respect de tous les individus, indépendamment de leur origine ou de leur identité, fait écho à la vision des penseurs des Lumières d'une société fondée sur des principes d'équité et de justice. Ce principe s'étend également à l'égalité des sexes et aux droits des personnes LGBTQ+, la société continuant à s'efforcer d'assurer l'inclusion et l'égalité de traitement de tous les individus. En outre, le concept de fraternité, ou le sens de la solidarité et de la compassion envers les autres, évoque l'interconnexion de l'humanité et l'importance de l'empathie pour relever les défis collectifs. Dans un monde de plus en plus globalisé, la croyance des penseurs des Lumières dans l'humanité partagée de tous les individus est un rappel poignant de la nécessité de la coopération et du soutien mutuel pour faire face à des problèmes urgents tels que le changement climatique, les crises de réfugiés et les pandémies sanitaires mondiales. L'appel à un sens de la communauté et à une responsabilité partagée les uns envers les autres reflète un idéal intemporel qui perdure en tant que principe directeur pour naviguer dans les complexités de notre monde interconnecté. Ce sens de la fraternité s'étend également à l'importance de la compréhension et du dialogue interculturels pour favoriser la coexistence pacifique et le respect mutuel entre diverses communautés. En approfondissant les principes durables défendus par les penseurs et révolutionnaires des Lumières, nous pouvons nous inspirer de leur vision et de leurs idées pour apporter des réponses aux défis pressants de notre époque. Leurs idéaux de liberté, d'égalité et de fraternité continuent d'offrir un cadre moral et éthique puissant pour façonner une société plus juste, plus compatissante et plus éclairée, alors que nous sommes confrontés aux complexités et aux incertitudes du monde contemporain.

Chapter 12

Conclusion : La quête permanente de la liberté, de l'égalité et de la fraternité

Alors que nous nous remémorons les événements tumultueux de la Révolution française et l'impact profond des penseurs des Lumières qui ont contribué à façonner son cours, nous nous rappelons la quête permanente de Liberté, égalité, fraternité - liberté, égalité et fraternité-, idéaux intemporels qui continuent de trouver un écho chez les personnes du monde entier qui luttent pour la justice, la liberté et la solidarité dans leurs propres sociétés. Ces idéaux intemporels continuent de trouver un écho chez les peuples du monde entier qui luttent pour la justice, la liberté et la solidarité dans leurs propres sociétés.La Révolution française, avec ses promesses d'égalité devant la loi, de droits de l'homme et de gouvernement participatif, a constitué un exemple puissant pour les générations futures. Bien que la révolution elle-même ait été marquée par la violence, l'agitation et les excès, les principes sous-jacents des droits de l'homme et de la gouvernance démocratique ont inspiré des mouvements de changement social dans le monde entier. La période des Lumières, qui a précédé la Révolution française, a été une époque d'épanouissement intellectuel, marquée par l'émergence d'idées novatrices qui remettaient en question les autorités et les normes établies. Des philosophes tels que Voltaire, Rousseau et Montesquieu ont défendu les concepts de droits individuels, de séparation des pouvoirs et de contrat social, jetant les bases des idéaux révolutionnaires qui allaient déclencher les événements de 1789. La montée du tiers état, composé de roturiers qui réclamaient une représentation et un traitement équitable face à l'oppression de l'Ancien Régime, a symbolisé le mécontentement croissant et le désir de changement au sein de la population française. La prise de la Bastille le 14 juillet 1789, moment décisif de la révolution, a marqué le début d'une nouvelle ère où le peuple a pris en main sa propre destinée. Au milieu du chaos et des bouleversements de la révolution, la Déclaration des droits de l'homme et du citoyen a été proclamée, consacrant des droits fondamentaux tels que la liberté, l'égalité et la propriété comme des principes universels auxquels tous les individus devraient pouvoir prétendre. Malgré les défis et les revers qui ont suivi, l'esprit de Liberté, égalité, fraternité a continué à inspirer les révolutionnaires et les réformateurs en France et au-delà pour défendre les idéaux de justice, de liberté et de solidarité. Aujourd'hui, alors que nous sommes confrontés aux défis permanents de l'inégalité, de l'injustice et de l'intolérance, l'héritage de la Révolution française et des penseurs des Lumières qui lui ont ouvert la voie reste plus que jamais d'actualité. La quête de Liberté, égalité, fraternité est un appel à l'action pour tous les individus afin qu'ils défendent leurs droits, qu'ils se battent pour les droits des autres et qu'ils œuvrent pour une société plus juste et plus équitable. Dans un monde fracturé par les divisions et les inégalités, l'esprit de la Révolution française vit dans le cœur de ceux qui croient au pouvoir de la liberté, de l'égalité et de la fraternité. Il nous rappelle que, quels que soient les obstacles auxquels nous sommes confrontés, la lutte pour un monde meilleur vaut la peine d'être menée. Alors que nous naviguons dans les complexités de l'ère moderne, inspirons-nous de la ferveur révolutionnaire du passé et poursuivons notre quête d'une société plus juste, plus égalitaire et plus compatissante. L'héritage de la Révolution française s'étend bien au-delà de son contexte historique, influençant les mouvements politiques, les réformes sociales et les discours philosophiques pour les siècles à venir. Les idéaux de liberté, d'égalité et de fraternité ont servi de principes directeurs aux luttes contre la tyrannie, l'oppression et la discrimination dans le monde entier. De la Déclaration d'indépendance américaine à la Déclaration universelle des droits de l'homme, l'esprit révolutionnaire de 1789 se répercute dans la quête actuelle des droits et libertés universels. L'impact de la Révolution française est perceptible non seulement dans le domaine politique, mais aussi dans les expressions culturelles et artistiques qui ont émergé dans son sillage. Des poètes romantiques qui ont célébré l'individualisme et la nature aux romanciers réalistes qui ont dénoncé les injustices et les inégalités sociales, la révolution a inspiré une vague d'œuvres créatives qui reflétaient l'évolution des valeurs et des aspirations de la société. L'éthique révolutionnaire, qui consiste à défier l'autorité, à défendre les droits des opprimés et à rechercher un monde plus juste et plus équitable, a laissé une marque indélébile sur les arts et les lettres de l'époque. L'héritage de la Révolution française et les idéaux durables de Liberté, égalité, fraternité nous rappellent que des individus courageux ont le pouvoir de s'opposer à l'oppression, de se battre pour leurs convictions et d'œuvrer pour un avenir meilleur pour tous. À une époque marquée par la division, les conflits et l'incertitude, puisons notre force dans l'esprit révolutionnaire du passé et consacrons-nous à nouveau à la noble cause de la liberté, de l'égalité et de la fraternité pour l'ensemble de l'humanité.

L'importance durable des idéaux révolutionnaires

L'importance durable des idéaux révolutionnaires réside dans leur appel intemporel aux valeurs fondamentales de la justice, de l'égalité et de la solidarité. La vision des révolutionnaires français, Liberté, égalité, fraternité, continue d'inspirer les individus et les mouvements du monde entier qui luttent pour le changement social et la réforme politique. L'appel à la liberté met l'accent sur les droits et les libertés inhérents à tous les individus, indépendamment de leur origine ou de leur statut. Il rappelle l'importance de protéger et de promouvoir les libertés civiles, telles que la liberté d'expression, de religion et de réunion, dans une société démocratique. La lutte pour la liberté est profondément liée au concept d'autonomie et d'autodétermination, qui permet aux individus de s'exprimer librement et de participer pleinement à la société civile. L'égalité, autre pierre angulaire de l'éthique révolutionnaire, reste un objectif crucial dans la société contemporaine. La quête de l'égalité remet en question les systèmes de privilèges et de discrimination bien ancrés, en plaidant pour un traitement équitable et des opportunités pour tous les membres de la société. Dans la poursuite de l'égalité, il est essentiel de s'attaquer aux obstacles structurels à la mobilité sociale, notamment l'inégalité économique, l'injustice raciale et la discrimination fondée sur le sexe. En faisant progresser les politiques et les pratiques qui favorisent l'égalité d'accès aux ressources et aux opportunités, nous pouvons créer une société plus juste et plus inclusive pour les générations futures. La fraternité, ou la solidarité, joue un rôle essentiel dans la promotion d'un sens de la communauté et de l'interconnexion entre les individus. L'esprit de fraternité encourage l'empathie, la coopération et le soutien mutuel, transcendant les divisions et promouvant un sentiment d'humanité commune. En temps de crise et d'adversité, la solidarité nous rappelle le pouvoir de l'action collective et de la responsabilité partagée pour relever les défis sociétaux. En cultivant une culture de la solidarité, nous pouvons construire des communautés résilientes et forger des liens de compassion et d'unité qui transcendent les différences et nous unissent dans un but commun. L'héritage durable des idéaux des révolutionnaires français témoigne du pouvoir de l'action humaine et de l'action collective pour façonner le cours de l'histoire. En défendant les valeurs de liberté, d'égalité et de fraternité, nous honorons les luttes et les sacrifices de ceux qui nous ont précédés et nous nous engageons à construire un monde plus juste et plus équitable pour tous. Ces idéaux ne sont pas seulement de nobles aspirations, mais des principes pratiques qui peuvent nous guider dans notre vie quotidienne. Ils nous rappellent que nos actions, aussi petites soient-elles, peuvent contribuer au bien commun et à la création d'une société où chacun peut s'épanouir. En incarnant l'esprit de liberté, d'égalité et de fraternité dans nos interactions avec les autres, nous pouvons favoriser une culture de respect, d'empathie et d'inclusion qui promeut l'harmonie sociale et le bien-être collectif. Dans un monde marqué par la division et les conflits, les idéaux révolutionnaires du passé nous offrent une feuille de route pour un avenir plus juste et plus compatissant. Ils nous mettent au défi d'affronter l'injustice, l'inégalité et l'indifférence, et d'œuvrer pour une société où chaque individu est valorisé, respecté et habilité à poursuivre ses rêves. Alors que nous naviguons dans les complexités du monde moderne, inspirons-nous du courage et de la ténacité des révolutionnaires qui ont osé remettre en question le statu quo et envisager une société plus équitable et plus humaine. Soyons solidaires, guidés par les principes de liberté, d'égalité et de fraternité, alors que nous nous efforçons de construire un monde où tous les individus peuvent vivre dans la dignité, la liberté et la dignité.

Appel à honorer l'héritage par la justice, l'égalité et la solidarité

L'engagement de la génération révolutionnaire en faveur de la justice, de l'égalité et de la solidarité n'est pas né d'un simple idéalisme, mais a été profondément ancré dans leur expérience de l'oppression et de l'injustice. Pour beaucoup d'entre eux, l'appel à honorer l'héritage à travers ces valeurs était une réponse directe à la tyrannie et à l'inégalité auxquelles ils étaient confrontés sous le régime colonial. Dans leur quête de justice, les révolutionnaires ont cherché à démanteler les structures de pouvoir qui perpétuaient l'inégalité et la discrimination. Ils ont compris qu'une société juste et équitable exigeait non seulement l'élimination des lois injustes, mais aussi un changement fondamental dans la manière dont le pouvoir et les ressources étaient distribués. Cet engagement en faveur de la justice allait au-delà des droits individuels et s'étendait au bien-être collectif de toute la communauté. L'égalité était également un principe fondamental qui animait les révolutionnaires dans leur lutte pour l'indépendance. Ils ont reconnu que la véritable égalité ne pouvait être atteinte que par l'abolition des systèmes qui privilégiaient une poignée de personnes au détriment du plus grand nombre. Leur vision de l'égalité ne se limitait pas à l'égalité de traitement au regard de la loi, mais visait à créer une société où tous les individus avaient les mêmes chances de s'épanouir et de réussir, quelles que soient leur origine ou leur situation. La solidarité était peut-être la force la plus puissante qui unissait le mouvement révolutionnaire. À une époque où les dissidents étaient confrontés à la violence et aux représailles, les révolutionnaires ont trouvé leur force dans leur unité et leur objectif commun. La solidarité signifiait être solidaire de ses concitoyens, se soutenir les uns les autres dans les moments de lutte et travailler ensemble à la réalisation d'un objectif commun. C'est grâce à cet esprit de solidarité qu'ils ont pu surmonter des obstacles apparemment insurmontables et remporter la victoire contre une puissance coloniale redoutable. En réfléchissant aux leçons du passé et aux valeurs qui ont guidé la génération révolutionnaire, nous nous rappelons que la justice, l'égalité et la solidarité sont toujours d'actualité. Dans un monde marqué par des inégalités croissantes, des divisions sociales et des conflits politiques, il est plus important que jamais de défendre ces valeurs et de s'efforcer de créer une société plus juste, plus équitable et plus unie. En honorant l'héritage des révolutionnaires par nos actions et nos engagements, nous pouvons poursuivre la lutte pour un monde meilleur pour les générations futures.

Perspectives d'avenir optimistes et sources d'inspiration

Alors que la poussière retombait sur les événements tumultueux de la Révolution française, un profond sentiment de transformation persistait dans l'air, comme une brume épaisse masquant l'horizon. Les échos de la lame de la guillotine résonnent encore aux oreilles de ceux qui ont été témoins des effusions de sang et du chaos qui ont marqué la période révolutionnaire. Pourtant, au milieu des décombres et des ruines, une lueur d'espoir brille, une fragile braise qui refuse de s'éteindre. Les révolutionnaires, animés par de ferventes croyances en la liberté, l'égalité et la fraternité, ont déclenché des forces de changement qui ont balayé les fondations de la société française comme une tempête déchaînée. L'ordre ancien, avec ses hiérarchies et ses injustices bien ancrées, a été démantelé pièce par pièce, laissant derrière lui un paysage marqué par les conflits et les bouleversements. La révolution n'était pas seulement un bouleversement politique, mais un tremblement de terre social et culturel qui a brisé le tissu même de la société française. Alors que la fumée se dissipait et que les décombres de l'ancien régime s'éparpillaient dans les rues de Paris, une nouvelle aube commençait à poindre à l'horizon. Le peuple, fatigué par des années de lutte et de sacrifice, se tourne vers un avenir rempli de promesses et d'incertitudes à parts égales. Les idéaux de la révolution - liberté, égalité, fraternité - n'étaient pas des slogans vides de sens, mais des principes directeurs qui allaient façonner le cours de la nation pour les années à venir. La révolution n'avait pas seulement remodelé le paysage politique de la France, elle avait aussi déclenché une vague de réformes sociales et économiques visant à créer une société plus juste et plus équitable. L'abolition des privilèges féodaux, la redistribution des terres, l'instauration d'un État laïque - toutes ces mesures visaient à construire un nouvel ordre fondé sur les principes de la raison et de l'équité. Pourtant, le chemin vers une nouvelle société était pavé de défis et d'obstacles. Des divisions sont apparues au sein du camp révolutionnaire, les factions rivales se disputant le pouvoir et l'influence. Le règne de la Terreur, avec ses excès et ses atrocités, a assombri l'image de la révolution aux yeux de beaucoup. La lutte pour le contrôle du gouvernement révolutionnaire a donné lieu à des conflits internes et à des menaces externes, les puissances étrangères cherchant à saper la république naissante. Mais à travers tout cela, l'esprit de la révolution a perduré, une flamme qui ne pouvait pas s'éteindre. Les valeurs de liberté, d'égalité et de fraternité ont continué à inspirer des individus de tous horizons à lutter pour un avenir meilleur, à se battre pour une société où tous pourraient vivre dans la dignité et la paix. La Révolution française s'est peut-être achevée dans le sang et la tourmente, mais son héritage a perduré dans les cœurs et les esprits de ceux qui ont osé rêver d'un monde où la justice et la liberté régneraient en maître.

Sources et références pour une lecture plus approfondie

Pour les lecteurs désireux d'approfondir la vie et les idées des penseurs des Lumières et des révolutionnaires français dont il est question dans ce livre, les sources suivantes fournissent des informations précieuses et des perspectives supplémentaires :

1. "Voltaire" par Nicholas Cronk - Cette biographie complète offre un compte rendu détaillé de la vie et des contributions intellectuelles de Voltaire, mettant en lumière son rôle en tant que figure clé du mouvement des Lumières. Cronk se penche sur les relations de Voltaire avec d'autres philosophes, sur ses œuvres littéraires et sur son plaidoyer en faveur de la tolérance et de la liberté d'expression.

2. "Jean-Jacques Rousseau : Le génie inquiet" par Leo Damrosch - Cette biographie captivante permet aux lecteurs de mieux comprendre la personnalité complexe de Rousseau et ses œuvres philosophiques, notamment son ouvrage phare "Le contrat social". Damrosch explore les idées de Rousseau sur l'éducation, la société et la nature de l'homme, en soulignant les contradictions et les nuances de sa pensée.

3. "Montesquieu : L'esprit des lois" par Charles de Secondat Montesquieu - Le traité de théorie politique de Montesquieu offre aux lecteurs une exploration approfondie de ses idées sur la séparation des pouvoirs et le gouvernement constitutionnel. En étudiant le chef-

d'œuvre de Montesquieu, les lecteurs peuvent saisir l'impact profond de ses théories sur la pensée politique et la gouvernance modernes.

4. "L'Encyclopédie" éditée par Denis Diderot - Cette encyclopédie en plusieurs volumes, éditée par Diderot, est un trésor de connaissances et d'idéaux du siècle des Lumières, mettant en valeur la diversité des contributeurs et des sujets qui ont façonné le paysage intellectuel de l'époque. Les lecteurs peuvent explorer les entrées relatives à la science, à la philosophie, à la politique et à bien d'autres sujets afin d'acquérir une compréhension globale de l'engagement des Lumières en faveur de la raison et du progrès.

5. "La mort de Marat" de Peter Weiss - Cette pièce offre une représentation dramatique de la vie et de la mort de Jean-Paul Marat, donnant un aperçu de la politique radicale et de l'activisme fervent qui ont caractérisé la Révolution française. Weiss saisit l'intensité et l'agitation de la période, mettant en lumière les sacrifices et les luttes de ceux qui se sont battus pour un changement révolutionnaire.

6. "Les Lumières : And Why It Still Matters" par Anthony Pagden - Cette exploration moderne de l'ère des Lumières examine son impact durable sur la société occidentale et la pertinence de ses idéaux face aux défis contemporains. Pagden évalue l'héritage des penseurs des Lumières qui ont façonné notre compréhension de la liberté, de l'égalité et des droits de l'homme, et offre de nouvelles perspectives sur leur pertinence durable aujourd'hui.

7. "Le monde des Lumières" par Robert Darnton - L'ouvrage de Robert Darnton offre une vue d'ensemble du paysage culturel, intellectuel et social de la période des Lumières. En examinant des thèmes clés tels que la raison, le scepticisme et le progrès, Darnton offre aux lecteurs une compréhension nuancée des divers courants intellectuels qui ont façonné l'époque.

8. "Citoyens : Une chronique de la Révolution française" par Simon Schama - Le récit détaillé de Schama sur la Révolution française offre une narration vivante des événements tumultueux qui ont transformé la France et se sont répercutés dans toute l'Europe. Grâce à une narration captivante et à des recherches méticuleuses, Schama fait revivre les personnages et les moments clés de la révolution, mettant en lumière ses causes complexes et ses conséquences profondes.

9. "Les philosophes : Le siècle des Lumières" par Colin Jones - L'examen des philosophes du siècle des Lumières par Colin Jones dresse un portrait richement détaillé des intellectuels qui ont façonné l'époque.

En explorant leurs écrits, leurs débats et leurs réseaux sociaux, Jones met en lumière la diversité de la pensée et l'interconnexion des idées qui caractérisent le bouillonnement intellectuel de l'époque.

10. "Robespierre : Une vie révolutionnaire" par Peter McPhee - La biographie de Maximilien Robespierre par McPhee offre une analyse nuancée de l'une des figures les plus controversées de la Révolution française. En retraçant l'évolution politique de Robespierre et son rôle dans le gouvernement révolutionnaire, McPhee met en lumière les complexités et les contradictions du leadership de Robespierre à une époque de bouleversements et de transformations.

En consultant ces ouvrages et d'autres travaux universitaires, les lecteurs peuvent approfondir leur compréhension des penseurs des Lumières et des révolutionnaires français présentés dans ce livre, en acquérant de nouvelles perspectives sur leurs vies, leurs idées et leurs héritages durables.

Troisième Partie: La révolution revisitée

RÉÉVALUER 1789 DANS LA FRANCE MODERNE

La révolution française selon Karl Marx:

> "LA RÉVOLUTION FRANÇAISE A ABOLI LA FÉODALITÉ. ELLE A LIBÉRÉ L'ESPRIT HUMAIN DE LA PROTECTION DU DESPOTISME ; ELLE A CONSIDÉRABLEMENT ACCRU LA SOMME DES FORCES PRODUCTIVES." (LA SAINTE FAMILLE, 1845).
>
> "LA RÉVOLUTION FRANÇAISE, C'EST LA VICTOIRE DE L'HOMME SUR LES PRIVILÈGES DE LA NAISSANCE ET DE LA CASTE, DE LA RÉALITÉ SUR L'APPARENCE, DE L'ESPRIT SUR LES PRÉJUGÉS, DU DROIT SUR L'INJUSTICE." (CRITIQUE DE LA PHILOSOPHIE DU DROIT DE HEGEL, 1843).

"LA RÉVOLUTION FRANÇAISE A ÉTÉ LE COUP DE TONNERRE QUI A RÉVEILLÉ TOUTE L'EUROPE DE SA LÉTHARGIE." (LA SAINTE FAMILLE, 1845).

"LA RÉVOLUTION FRANÇAISE A DONNÉ NAISSANCE À DES IDÉES QUI MÈNENT AU-DELÀ DES IDÉES DE L'ANCIEN ÉTAT DES CHOSES." (LA SAINTE FAMILLE, 1845).

"LA RÉVOLUTION FRANÇAISE A CRÉÉ CE QU'AUCUN POUVOIR POLITIQUE N'A SU FAIRE AVANT ELLE : LA NATION UNE ET INDIVISIBLE, L'ÉTAT NATIONAL COMME EXPRESSION DE LA SOUVERAINETÉ POPULAIRE." (LA GUERRE CIVILE EN FRANCE, 1871).

Chapter 13

Introduction

Dans la tapisserie complexe de la France du XXIe siècle, les échos tumultueux de la Révolution française de 1789 se répercutent dans le paysage social, politique et culturel de la nation. Il est impératif de saisir l'interconnexion du passé et du présent, en reconnaissant comment les idéaux de liberté, d'égalité et de fraternité continuent de façonner la conscience collective du peuple français.

La France contemporaine se trouve à la croisée des chemins, aux prises avec une myriade de défis qui reflètent l'époque turbulente de la fin du XVIIIe siècle. Les disparités économiques, les inégalités sociales et les désillusions politiques soulignent le besoin urgent d'introspection et de réforme. Dans ce contexte, revisiter les événements marquants de la Révolution française permet de comprendre les racines des problèmes contemporains et d'envisager la pertinence durable des idéologies révolutionnaires dans la société d'aujourd'hui.

Aperçu des récits existants sur les événements de 1789 et leurs interprétations

Les annales de l'histoire regorgent de récits et d'interprétations divers de la Révolution française, chacun mettant en lumière des facettes différentes de ce moment décisif. Des perspectives révisionnistes qui remettent en cause les récits traditionnels aux analyses académiques qui disséquent les complexités de la ferveur révolutionnaire, l'historiographie de 1789 est une riche tapisserie d'interprétations qui continuent à façonner notre compréhension de cette époque charnière. Un récit dominant dépeint les révolutionnaires comme des visionnaires courageux qui ont osé défier les pouvoirs enracinés de la monarchie et de l'aristocratie à la recherche d'une société plus juste et plus équitable. Leurs sacrifices, de la prise de la Bastille à la lame de la guillotine, sont loués comme emblématiques de la quête humaine de liberté et de démocratie. Pourtant, à côté de ces portraits héroïques, on trouve des récits plus sombres de violence, de chaos et de trahison, qui nous rappellent les conséquences tragiques d'une révolution incontrôlée.

Thèse : Réévaluer les sacrifices des révolutionnaires à la lumière de la France contemporaine et s'interroger sur la pertinence durable de leur lutte

Au cœur de cette exploration se trouve une réévaluation critique des sacrifices consentis par les révolutionnaires de 1789 et de leur résonance dans le contexte de la France contemporaine. En interrogeant la pertinence durable de leur combat, nous invitons les lecteurs à se confronter aux complexités de la ferveur révolutionnaire et à ses implications pour la société moderne. Dans les chapitres suivants, nous approfondirons les événements turbulents de la Révolution française, nous dévoilerons les sacrifices et les conséquences supportés par les révolutionnaires, nous évaluerons l'héritage durable de 1789, nous examinerons les défis auxquels la France d'aujourd'hui est confrontée et, enfin, nous mettrons les lecteurs au défi de réfléchir à la nécessité et à l'efficacité des bouleversements révolutionnaires pour catalyser la transformation de la société. En naviguant dans les annales de l'histoire et les complexités de la réalité contemporaine, nous souhaitons provoquer l'introspection, inspirer le dialogue et catalyser des changements significatifs dans la poursuite d'une société plus équitable et plus inclusive.

Chapter 14

Préparer le terrain : La France du XXIe siècle et l'héritage de la Révolution française

La France est aujourd'hui une nation aux prises avec le poids de son passé révolutionnaire tout en naviguant dans les complexités du monde moderne. Alors que nous nous penchons sur l'héritage de la Révolution française et son impact sur la France contemporaine, il est essentiel de comprendre le contexte dans lequel les événements de 1789 se sont déroulés et les répercussions qu'ils continuent d'avoir dans les annales de l'histoire française.

La Révolution française de 1789 a marqué un moment charnière non seulement pour la France, mais pour le monde entier. C'est une période de bouleversements, de transformations et de changements radicaux, le peuple français se soulevant contre des siècles de monarchie, de privilèges aristocratiques et d'inégalités sociales. Les idéaux de liberté, d'égalité et de fraternité sont devenus le cri de ralliement des révolutionnaires, alimentant leur lutte pour une société plus juste et plus démocratique. Au XXIe siècle, la France se trouve à nouveau à la croisée des chemins. L'héritage de la Révolution française pèse lourdement sur la nation, façonnant son discours politique, ses structures sociales et son identité culturelle. Les principes de la révolution - l'égalité devant la loi, les droits individuels et la souveraineté populaire - continuent d'inspirer les valeurs et les aspirations du peuple français d'aujourd'hui. Cependant, la France contemporaine est également confrontée à une série de défis qui mettent à l'épreuve l'endurance de ces idéaux révolutionnaires. L'incertitude économique, les divisions sociales et les désillusions politiques ont alimenté le mécontentement et l'agitation de certains segments de la population. Le fossé entre les nobles promesses de la révolution et les réalités de la vie moderne a conduit de nombreuses personnes à remettre en question l'efficacité de la lutte révolutionnaire et l'étendue de son impact durable.

La Révolution française n'a pas seulement remodelé le paysage politique de la France, elle a également eu un impact profond sur l'art, la littérature et la philosophie. Les idéaux des Lumières qui ont inspiré les révolutionnaires ont déclenché une renaissance culturelle qui s'est répercutée dans toute l'Europe et au-delà. Des écrivains tels que Voltaire, Rousseau et Diderot ont remis en question l'autorité traditionnelle et ont défendu la raison, la liberté et le progrès, jetant ainsi les bases de la pensée intellectuelle moderne. Dans le domaine politique, la Révolution française a jeté les bases de l'État-nation moderne et du concept de citoyenneté. La Déclaration des droits de l'homme et du citoyen, adoptée en 1789, énonce les principes fondamentaux des libertés individuelles et de la responsabilité gouvernementale qui influenceront les mouvements démocratiques dans le monde entier. La révolution a également introduit de nouvelles formes de participation politique, depuis la création de l'Assemblée nationale jusqu'à l'établissement d'un système de droits et de libertés civils. Alors que nous nous trouvons au seuil d'une nouvelle ère, il est essentiel de réfléchir aux leçons de l'histoire et à la pertinence durable de la Révolution française dans le façonnement de la trajectoire de la nation. En examinant les tensions entre le passé et le présent, la tradition et l'innovation, l'idéologie et le pragmatisme, nous pouvons mieux comprendre les défis auxquels la France est confrontée aujourd'hui et tracer la voie vers un avenir plus équitable et plus inclusif. Pour l'avenir, la France doit faire face aux complexités de la mondialisation, aux avancées technologiques et aux dynamiques géopolitiques changeantes qui étaient insondables pour les révolutionnaires de 1789.

L'héritage de la Révolution française nous rappelle le pouvoir durable d'idéaux tels que la liberté et l'égalité, mais il nous incite également à nous interroger sur la manière dont ces principes peuvent être adaptés et appliqués pour répondre aux exigences d'un monde en mutation rapide. En conclusion, la Révolution française continue de projeter une longue ombre sur la nation, inspirant à la fois révérence et examen minutieux alors que la France navigue dans les eaux turbulentes du XXIe siècle. En adoptant l'esprit d'innovation et d'inclusion qui a nourri les révolutionnaires du passé, la France peut tracer la voie vers un avenir qui

DE LA RÉVOLUTION AU RENOUVEAU ~ 119

honore l'héritage de la révolution tout en relevant les défis pressants du présent.

Aperçu des récits existants sur les événements de 1789 et leurs interprétations

Les événements de 1789 en France ont fait l'objet d'études et de débats intenses parmi les historiens, les universitaires et le grand public. De nombreux récits et interprétations ont vu le jour au fil des ans, chacun offrant sa propre perspective sur les causes, le déroulement et les conséquences de la Révolution française. Ces récits varient considérablement en termes d'accent, de ton et de conclusions, reflétant les diverses façons dont les individus et les sociétés ont choisi de se souvenir et de donner un sens à ce moment crucial de l'histoire. Certains récits se concentrent sur les origines idéologiques de la Révolution, soulignant les courants intellectuels des Lumières qui ont inspiré les révolutionnaires à remettre en question l'autorité traditionnelle de la monarchie et de l'Église catholique. Ces récits soulignent le rôle des idées et des principes dans la formation du mouvement révolutionnaire et la définition de ses objectifs de liberté, d'égalité et de fraternité. D'autres récits mettent l'accent sur les facteurs socio-économiques qui ont contribué à la crise révolutionnaire, tels que la pauvreté généralisée, l'inégalité et les pénuries alimentaires qui ont frappé la France dans les années précédant 1789. Ces récits soulignent les griefs matériels de la population française et l'impact des difficultés économiques sur sa volonté de descendre dans la rue et d'exiger un changement.

En outre, la dynamique politique de la révolution a joué un rôle crucial dans l'élaboration de son issue. Les conflits entre les différentes factions, telles que les Girondins et les Jacobins, ont reflété la lutte pour le pouvoir et l'influence dans le nouvel ordre révolutionnaire. Les alliances changeantes, les luttes de pouvoir et les différends idéologiques au sein du gouvernement révolutionnaire ont encore compliqué la trajectoire de la Révolution et influencé son orientation finale.

Le règne de la Terreur, caractérisé par des exécutions massives et la consolidation du pouvoir par le gouvernement jacobin radical de Robespierre, représente un chapitre sombre de l'histoire de la Révolution française. La violence et la répression qui ont marqué cette période ont fait l'objet d'un examen minutieux et d'une évaluation morale, suscitant des questions sur les limites éthiques de l'action révolutionnaire et les conséquences de l'extrémisme politique. En outre, l'impact global de la Révolution française ne peut être sous-estimé. Ses idées de liberté, d'égalité et de fraternité se sont répandues bien au-delà des frontières de la France, inspirant des mouvements révolutionnaires et des transformations politiques dans d'autres pays. La ferveur révolutionnaire de 1789 s'est répercutée dans toute l'Europe et au-delà, façonnant le cours de l'histoire moderne et remettant en question les systèmes de pouvoir et d'autorité établis. En conclusion, les divers récits entourant les événements de 1789 offrent un aperçu précieux des complexités et des contradictions de la Révolution française. En examinant ces récits en profondeur et en faisant preuve d'esprit critique à l'égard de leur contenu, nous pouvons approfondir notre compréhension de ce moment charnière de l'histoire et de ses implications profondes pour le cours de la modernité.

Énoncé de la thèse: Réévaluer les sacrifices des révolutionnaires à la lumière de la France contemporaine et s'interroger sur la pertinence durable de leur combat.

En réévaluant les sacrifices consentis par les révolutionnaires de 1789 à la lumière de la France contemporaine, il est impératif de s'interroger sur la pertinence durable de leur combat. Les événements de la Révolution française, avec ses idéaux de liberté, d'égalité et de fraternité, ont façonné le cours de l'histoire et continuent d'influencer les débats modernes sur la justice sociale, la démocratie et la gouvernance. En examinant les sacrifices personnels de ceux qui se sont battus pour ces principes, nous pouvons explorer les complexités de la ferveur révolutionnaire et son héritage dans la société d'aujourd'hui.

Les révolutionnaires de 1789 étaient animés par un désir fervent de se libérer des chaînes oppressives de la monarchie et d'établir une société fondée sur les principes d'égalité et de justice. Leurs sacrifices, qu'il s'agisse de risquer leur vie sur le front ou d'endurer des épreuves dans les prisons, ont laissé une marque indélébile dans la conscience collective du peuple français. La guillotine est devenue un symbole sinistre de la révolution, coupant les têtes de l'aristocratie comme du peuple dans la poursuite d'une société plus égalitaire. En réfléchissant aux sacrifices de ceux qui nous ont précédés, nous devons également reconnaître les complexités et les contradictions inhérentes aux révolutions.

Si la Révolution française a apporté des changements sociaux et politiques significatifs, elle a également déclenché une vague de violence et de chaos qui a conduit de nombreuses personnes à se demander si la fin justifiait vraiment les moyens. Le règne de la Terreur, avec ses exécutions aveugles et la suppression de la dissidence, sert de mise en garde contre les dangers d'un zèle révolutionnaire incontrôlé.

Aujourd'hui, alors que nous sommes aux prises avec nos propres problèmes d'inégalité, de discrimination et d'agitation politique, les leçons de la Révolution française revêtent une importance considérable. Les idéaux de liberté, d'égalité et de fraternité restent des objectifs que nous continuons à viser, inspirés par les sacrifices de ceux qui nous ont précédés. L'héritage des révolutionnaires de 1789 nous rappelle que le chemin vers une société plus juste et plus équitable est semé d'embûches et de complexités, et qu'il exige un équilibre délicat entre idéalisme et pragmatisme. En affrontant nos luttes actuelles, nous sommes appelés à puiser dans l'esprit des révolutionnaires qui ont osé rêver d'un monde meilleur et qui étaient prêts à consentir de profonds sacrifices pour apporter le changement. Leur héritage nous incite à remettre en question le statu quo, à combattre l'injustice et à défendre les valeurs qui nous sont chères. Alors que nous naviguons dans les eaux troubles de la société moderne, nous devons nous tourner vers le passé non seulement comme source d'inspiration, mais aussi comme guide vers un avenir fondé sur les principes durables de liberté, d'égalité et de fraternité.

Chapter 15

L'aube de la révolution : L'étincelle de 1789

L'année 1789 s'ouvre sur un sentiment d'inquiétude qui plane sur la France, une nation au bord d'un changement important. Des années de difficultés économiques, d'inégalités sociales et de répression politique ont créé une atmosphère instable, propice aux bouleversements. Le mécontentement qui couvait au sein de la population française était alimenté par un désir profond de réforme et de fin des injustices perpétuées par l'élite dirigeante. Au cœur de cette agitation se trouvaient les structures oppressives de l'ancien régime, qui privilégiaient la noblesse et le clergé aux dépens des gens du peuple. Le poids des impôts et des redevances féodales pesait lourdement sur la paysannerie appauvrie, tandis que les classes privilégiées jouissaient de richesses et de privilèges extravagants. Les inégalités qui imprègnent la société française sont exacerbées par un système de gouvernance corrompu qui privilégie les intérêts de quelques-uns par rapport aux besoins du plus grand nombre. Les courants intellectuels des Lumières ont suscité un nouveau mode de pensée au sein de la population française, remettant en cause l'autorité traditionnelle de la monarchie et prônant les principes de liberté, d'égalité et de fraternité. Les œuvres de philosophes influents tels que Voltaire, Rousseau et Montesquieu ont semé les graines de la pensée révolutionnaire, inspirant une génération de penseurs à remettre en question les structures de pouvoir existantes et à envisager une société plus juste et plus égalitaire. La convocation des États généraux en mai 1789 visait à résoudre la crise financière qui frappait la nation, mais elle est rapidement devenue le théâtre des doléances et des aspirations d'une population rétive. Les représentants du tiers état, composé de roturiers et de la bourgeoisie naissante, ont saisi l'occasion pour exiger des réformes politiques et la fin des inégalités qui frappaient depuis longtemps la société française. Le 14 juillet 1789, une foule fervente a pris d'assaut la Bastille, forteresse et symbole de l'autorité royale à Paris, ce qui a constitué le moment décisif de la Révolution. La chute de la Bastille a marqué non seulement une victoire physique pour les révolutionnaires, mais aussi un triomphe symbolique sur la tyrannie et l'oppression. Cet événement a galvanisé le peuple et déclenché une réaction en chaîne de soulèvements et de protestations dans tout le pays, signalant le début d'un changement sismique dans le paysage politique de la France. Alors que les flammes de la révolution se propageaient dans toute la nation, les idéaux de liberté, d'égalité et de fraternité ont pris racine dans la conscience collective du peuple français. La Déclaration des droits de l'homme et du citoyen, adoptée en août 1789, exprime la vision d'un nouvel ordre social fondé sur les principes d'égalité, de droits individuels et de souveraineté populaire. Les réformes radicales qui ont suivi, notamment l'abolition des privilèges féodaux et l'instauration d'une monarchie constitutionnelle, ont ouvert une nouvelle ère dans l'histoire de France. Les événements de 1789 ont déclenché un processus de transformation qui allait remodeler le tissu de la société et de la politique françaises pour les années à venir. Les sacrifices consentis par les révolutionnaires dans la poursuite de leurs idéaux ont semé les graines d'un changement profond, inspirant les générations à venir et laissant une marque indélébile sur le cours de l'histoire de l'humanité. L'étincelle de la révolution allumée en 1789 ne façonnera pas seulement le destin de la France, mais se répercutera également dans le monde entier, allumant les flammes de la liberté et de la démocratie dans le cœur des gens du monde entier.

Aperçu des conditions sociales, économiques et politiques dans la France pré-révolutionnaire

Les griefs et le mécontentement qui ont alimenté la Révolution française à la fin du XVIIIe siècle étaient profondément enracinés dans la structure de la société française et dans les injustices qui imprégnaient tous les aspects de la vie des gens ordinaires. Au-delà des questions de fiscalité, de mobilité sociale et d'inégalité juridique, d'autres facteurs ont contribué à la ferveur révolutionnaire qui a balayé la France. L'inefficacité et la corruption du système bureaucratique de l'ancien régime constituaient une source importante de frustration pour la population française. Le gouvernement royal était caractérisé par un réseau labyrinthique de fonctionnaires, d'administrateurs et d'intermédiaires qui détournaient les ressources et entravaient l'efficacité de la gouvernance. Cette bureaucratie hypertrophiée ne gaspillait pas seulement les ressources, mais perpétuait également une culture de favoritisme et de népotisme, où les relations et l'influence comptaient souvent plus que le mérite ou la compétence. En conséquence, le citoyen moyen se sentait éloigné des leviers du pouvoir et ne croyait pas en la capacité du gouvernement à répondre à ses besoins. En outre, le système économique de la France prérévolutionnaire était caractérisé par des pratiques obsolètes qui étouffaient l'innovation et entravaient le développement économique. Le secteur agricole dominant, contrôlé par un petit nombre de nobles propriétaires terriens, s'appuyait sur des méthodes de production et d'exploitation des terres archaïques qui limitaient les rendements et perpétuaient la pauvreté rurale. En outre, le système des guildes et les restrictions commerciales imposaient des barrières artificielles à l'entrée dans les secteurs manufacturiers et commerciaux en plein essor, entravant ainsi la concurrence et l'innovation. Cet environnement économique étouffant signifiait que les possibilités de progrès et de prospérité étaient limitées pour tous, à l'exception des membres les plus privilégiés de la société. En outre, le climat culturel et intellectuel de la France prérévolutionnaire était marqué par un sentiment croissant de désillusion à l'égard des institutions et des valeurs traditionnelles. Le siècle des Lumières avait déclenché une vague de pensée critique et de scepticisme à l'égard des autorités établies, conduisant beaucoup à remettre en question la légitimité de la monarchie, de la noblesse et de l'Église. La diffusion d'idées nouvelles par le biais de pamphlets, de journaux et de salons a permis aux individus de remettre en question le statu quo et d'envisager une société plus juste et plus équitable. À la lumière de ces griefs et défis multiformes, il apparaît clairement que la Révolution française n'était pas simplement une explosion de colère spontanée, mais l'aboutissement d'injustices et d'inégalités de longue date qui avaient frappé la société française pendant des siècles. Les révolutionnaires qui sont descendus dans la rue en 1789 ne cherchaient pas seulement une réforme politique, mais exigeaient également une réorganisation fondamentale de leurs institutions sociales, économiques et culturelles. La Révolution française allait finalement remodeler le cours de l'histoire et inspirer des générations de réformateurs et de révolutionnaires à venir.

Récit des événements qui ont conduit à la prise de la Bastille et à l'éclatement de la Révolution

Au printemps 1789, la France est au bord d'une révolution qui va changer à jamais le cours de son histoire. Les graines du mécontentement ont été semées au cours de décennies d'inégalités sociales, économiques et politiques, la majorité de la population souffrant du fardeau d'une lourde fiscalité, tandis que la noblesse et le clergé jouissaient de privilèges et d'exemptions. La nomination de Jacques Necker au poste de ministre des finances en 1788 n'a pas permis de résoudre la crise fiscale qui sévissait dans le pays, ce qui a conduit à la convocation des États généraux en mai 1789. Cette assemblée représentative, composée du clergé, de la noblesse et des roturiers, est appelée à se pencher sur les difficultés financières de la nation et à tracer la voie à suivre. Cependant, les tensions s'aggravent rapidement lorsque les représentants du tiers état, qui représentent les roturiers, demandent à avoir davantage voix au chapitre dans le processus de prise de décision. Leurs appels à la réforme ayant été repoussés par le clergé et la noblesse, ils s'autoproclament Assemblée nationale le 17 juin 1789, marquant ainsi une rupture avec l'ordre social traditionnel. La situation atteint son point d'ébullition le 14 juillet 1789, lorsqu'une foule agitée et en colère s'abat sur la Bastille, symbole de l'autorité royale et de l'oppression à Paris. La prise de la forteresse a marqué le début de la révolution, le peuple se soulevant contre la tyrannie et l'inégalité, animé par un esprit de défi et de solidarité. La chute de la Bastille a provoqué une onde de choc dans toute la France et au-delà, inspirant d'autres soulèvements et actes de résistance dans les villes et villages de tout le pays. Les événements qui ont conduit à la prise de la Bastille et au déclenchement de la révolution témoignent des frustrations et des aspirations refoulées du peuple français, qui cherche à balayer l'ordre ancien et à construire une nouvelle société fondée sur les principes de liberté, d'égalité et de fraternité. Au cours de la révolution, l'Assemblée nationale entreprend une série de réformes radicales, notamment l'abolition des privilèges féodaux, la Déclaration des droits de l'homme et du citoyen et l'instauration d'une monarchie constitutionnelle. Ces mesures ont marqué un changement fondamental dans la dynamique du pouvoir au sein de la société française, les hiérarchies traditionnelles étant démantelées au profit d'un système plus égalitaire et démocratique. Cependant, la révolution a également été le théâtre de divisions internes et de menaces externes, les forces contre-révolutionnaires cherchant à saper le gouvernement révolutionnaire et les puissances étrangères cherchant à intervenir dans les affaires de la France. L'exécution du roi Louis XVI en 1793 et le règne de la Terreur qui a suivi ont marqué un chapitre sombre de la révolution, l'extrémisme politique et la violence s'étant emparés de la nation. Malgré ces défis, les idéaux de la révolution ont continué à inspirer des mouvements de changement social et politique dans le monde entier, les gens considérant la Révolution française comme une lueur d'espoir pour la liberté et l'égalité. L'héritage de la révolution a perduré sous la forme de nouvelles institutions politiques, telles que le Directoire et, plus tard, l'Empire napoléonien, qui ont cherché à consolider et à étendre les principes révolutionnaires à l'ensemble du continent européen.

La Révolution française reste un moment charnière de l'histoire mondiale, symbolisant le pouvoir de l'action collective et la quête permanente de justice et d'émancipation. Ses échos se font encore entendre dans les luttes des peuples opprimés et les appels à la réforme et à la révolution dans les sociétés aux prises avec l'inégalité et l'injustice.

Chapter 16

Examen de la ferveur révolutionnaire et des aspirations du peuple à la liberté et à l'égalité

Alors que la révolution de 1789 se poursuit, la quête de la liberté et de l'égalité prend de nouvelles dimensions et se complexifie. Les principes de liberté, d'égalité et de fraternité qui avaient inspiré la révolution ont été mis à l'épreuve alors que des factions rivales se disputaient le pouvoir et l'influence. Les Jacobins, menés par le fougueux Maximilien Robespierre, défendent une vision radicale de la transformation sociale qui vise à bouleverser l'ordre ancien et à créer une société plus égalitaire. Leur engagement envers les idéaux de la révolution était inébranlable, mais leurs méthodes étaient souvent impitoyables, car ils cherchaient à éliminer les ennemis perçus et à consolider leur emprise sur le pouvoir. Aux Jacobins s'opposaient les Girondins, une faction plus modérée qui privilégiait une approche plus prudente des réformes. Ils craignent les excès des éléments radicaux et cherchent à orienter la révolution vers une transition plus graduelle et plus ordonnée vers une monarchie constitutionnelle. La tension entre ces deux factions, alimentée par des visions divergentes de l'avenir de la France, menace de déchirer la révolution et de plonger le pays dans la guerre civile. Au milieu de cette agitation politique, la question de l'égalité reste au premier plan du débat national. Les Jacobins défendent une conception plus radicale de l'égalité, qui vise à abolir les distinctions de classe et les privilèges et à créer un nouvel ordre social fondé sur les principes du mérite et de la citoyenneté. Ils pensaient que la véritable égalité ne pouvait être atteinte que par une révision complète des structures existantes du pouvoir et des privilèges, une vision qui effrayait l'aristocratie et le clergé. Mais alors que la révolution entrait dans sa phase la plus tumultueuse, marquée par le règne de la Terreur et l'exécution du roi Louis XVI, les nobles idéaux de liberté et d'égalité commençaient à s'effriter. La violence et la brutalité excessives qui ont caractérisé cette période ont conduit beaucoup de gens à se demander si la fin justifiait les moyens et si la poursuite d'une notion abstraite d'égalité pouvait justifier le sacrifice des droits et des libertés individuels. Pourtant, même au milieu de cette agitation et de ces effusions de sang, l'esprit de la révolution a perduré. La lutte pour la liberté et l'égalité, forgée dans le creuset de la révolution, a servi de phare d'espoir pour les générations futures, inspirant des mouvements pour la justice sociale et les droits de l'homme dans le monde entier. L'héritage de 1789, avec toutes ses contradictions et ses complexités, continue de façonner notre compréhension de la liberté et de l'égalité, nous incitant à adopter les valeurs durables de la révolution et à lutter pour une société plus juste et plus équitable. Malgré le chaos et les bouleversements qui ont marqué cette période turbulente de l'histoire de France, les idéaux de liberté et d'égalité ont laissé une marque indélébile dans la conscience collective de la nation. L'héritage de la révolution a traversé les siècles, influençant le cours de la politique et de la société françaises pour les générations à venir. Les sacrifices consentis et les luttes menées à cette époque ne seront jamais oubliés, rappelant la quête permanente de justice et d'égalité qui continue de façonner le monde dans lequel nous vivons aujourd'hui.

Les sacrifices des révolutionnaires : Une analyse coûts-avantages

La Révolution française de 1789 a été une période tumultueuse et violente de l'histoire de France, marquée par la recherche fervente de la liberté, de l'égalité et de la fraternité. Au cœur de ce mouvement révolutionnaire, des individus courageux ont sacrifié leur vie, leur fortune et leur réputation au nom de ces idéaux. Les sacrifices consentis par les révolutionnaires ont été à la fois personnels et profonds, façonnant le cours de l'histoire française et influençant les luttes pour la liberté et la démocratie dans le monde entier. L'un des sacrifices personnels les plus importants consentis par les révolutionnaires a été leur volonté de mettre leur vie en jeu pour la cause. Nombre d'entre eux ont risqué l'emprisonnement, l'exil et même la mort pour leurs convictions, endurant la torture, les privations et les persécutions au nom de la liberté. Les révolutionnaires ont dû faire face à un régime impitoyable qui cherchait à écraser la dissidence et à maintenir le statu quo à tout prix. Malgré les risques, ils sont restés fermes dans leurs convictions et ont continué à lutter pour un avenir meilleur pour eux-mêmes et leurs concitoyens. Outre les sacrifices physiques, les révolutionnaires ont également enduré des épreuves émotionnelles et psychologiques dans leur quête de justice sociale. La peur constante des représailles, l'incertitude de l'avenir et les trahisons d'anciens alliés ont pesé lourdement sur leur esprit et leur moral. Les révolutionnaires ont souvent été marginalisés et vilipendés par ceux qui détenaient le pouvoir, qualifiés de radicaux et de fauteurs de troubles pour avoir osé défier l'ordre établi. Malgré ces difficultés, ils sont restés fermement attachés à leur cause, refusant de reculer face à l'adversité. En outre, les sacrifices des révolutionnaires se sont étendus au-delà de leur vie personnelle, à leur famille, à leurs amis et à leur communauté. De nombreux révolutionnaires ont dû faire face à l'ostracisme social, à la ruine économique et à la discorde familiale en raison de leur engagement dans la révolution. Leurs actions ont eu des conséquences considérables qui ont affecté non seulement eux-mêmes, mais aussi leurs proches. Malgré les coûts personnels, les révolutionnaires sont restés déterminés dans leur conviction que les sacrifices étaient nécessaires pour le plus grand bien de la société. En fin de compte, les sacrifices des révolutionnaires doivent être considérés à travers une analyse coûtbénéfice afin d'évaluer leur impact sur la société française. Bien que les coûts personnels aient été élevés et les pertes considérables, les avantages de la révolution ne peuvent être ignorés. L'instauration d'une république, l'abolition des privilèges féodaux et la promotion des valeurs démocratiques sont autant de résultats significatifs des sacrifices des révolutionnaires. Leur volonté d'endurer les difficultés et les persécutions a jeté les bases d'une société plus juste et plus équitable en France. En conclusion, les sacrifices des révolutionnaires pendant la Révolution française de 1789 ont été profonds et d'une grande portée. Leur courage, leur résilience et leur engagement en faveur des idéaux de liberté, d'égalité et de fraternité continuent d'inspirer des générations de militants et de réformateurs dans le monde entier. Si les coûts personnels ont été immenses, les bénéfices de leurs sacrifices perdurent et témoignent de l'héritage durable de la Révolution française.

Évaluation des sacrifices personnels consentis par les révolutionnaires dans la poursuite de leurs idéaux

La Révolution française de 1789 est un moment charnière de l'histoire, marqué par les efforts déterminés des révolutionnaires pour renverser la monarchie oppressive et établir un nouvel ordre fondé sur les principes de liberté, d'égalité et de fraternité. Si les grands récits des changements sociétaux et des bouleversements politiques ont été bien documentés, il est essentiel d'approfondir les sacrifices personnels consentis par les individus qui étaient à l'avant-garde de ce mouvement révolutionnaire. Les révolutionnaires de la Révolution française ont fait preuve d'un sens inégalé de l'engagement et du dévouement à leur cause, souvent au prix d'un lourd tribut personnel. Nombre d'entre eux venaient d'horizons divers, allant d'intellectuels et de théoriciens politiques à de simples citoyens luttant pour joindre les deux bouts. Malgré leurs différences, ils partageaient la même vision d'une société plus juste et plus équitable, libérée des chaînes de l'oppression féodale et des privilèges aristocratiques. Alors qu'ils s'engageaient sur la voie de la révolution, ces individus ont dû faire face à de nombreux défis et dangers. Le risque d'arrestation, d'emprisonnement et d'exécution guettait ceux qui osaient défier l'ordre établi. Les chefs révolutionnaires, tels que Maximilien Robespierre et Georges Danton, étaient particulièrement vulnérables aux intrigues politiques et aux trahisons, leur vie étant constamment menacée alors qu'ils naviguaient sur les eaux traîtresses de la politique révolutionnaire. On ne saurait trop insister sur la charge émotionnelle de la révolution. Les révolutionnaires ont été confrontés à de profonds sentiments de doute, de peur et d'incertitude face à l'énormité de la tâche qui leur incombait. Beaucoup ont connu des moments de désespoir et de désillusion, se demandant si leurs sacrifices valaient vraiment les bouleversements et les effusions de sang qui ont caractérisé la révolution. Cependant, face à une telle adversité, les révolutionnaires ont trouvé la force de persévérer. Leur foi inébranlable dans la justesse de leur cause, associée à un sens profond du devoir et de la loyauté envers leurs compagnons révolutionnaires, a alimenté leur détermination à poursuivre la lutte. Ils ont puisé leur courage les uns dans les autres, formant des réseaux étroits de soutien et de solidarité qui les ont soutenus pendant les jours les plus sombres de la révolution. En fin de compte, les sacrifices consentis par les révolutionnaires n'ont pas été vains. Leurs efforts ont permis de jeter les bases d'une société plus démocratique et plus égalitaire en France, créant ainsi un puissant précédent pour les générations futures de militants et de réformateurs. En honorant la mémoire des révolutionnaires et en reconnaissant l'ampleur de leurs sacrifices, nous rendons hommage à leur esprit durable de courage, de résilience et d'engagement en faveur de la justice sociale. Leurs sacrifices étaient peut-être personnels, mais leur impact était universel, laissant une marque indélébile sur le cours de l'histoire de l'humanité et inspirant les générations à venir.

Chapter 17

Discussion sur le bilan humain de la révolution, y compris l'emprisonnement, l'exil et l'exécution

L'emprisonnement pendant la Révolution française est un phénomène complexe et multiforme qui a joué un rôle essentiel dans la formation de la nouvelle société révolutionnaire. Le gouvernement révolutionnaire, qui s'efforçait de garder le contrôle face aux menaces internes et externes, a eu recours à l'incarcération à grande échelle pour faire taire les dissidents et imposer une conformité idéologique. La création de prisons telles que la Bastille et la Conciergerie a marqué un changement important dans le système pénal français, ces institutions devenant des centres de détention pour les dissidents politiques, les contre-révolutionnaires présumés et les individus considérés comme des ennemis de l'État. Les conditions de vie dans ces prisons étaient souvent sinistres et inhumaines, la surpopulation, l'insalubrité et l'absence de soins appropriés entraînant une souffrance et une dégradation généralisées parmi les détenus. L'utilisation de l'emprisonnement comme outil de répression politique a atteint son apogée lors des massacres de septembre 1792, un chapitre sombre de l'histoire de la révolution marqué par une violence généralisée et des effusions de sang. Dans une atmosphère frénétique de paranoïa et de représailles, des foules révolutionnaires ont pris d'assaut les prisons de Paris, exécutant des milliers de prisonniers sans procès ni procédure régulière. Les rues sont rougies par le sang de ceux qui sont considérés comme des ennemis de la révolution, jetant une ombre glaçante sur les idéaux de liberté et de justice qui avaient alimenté la ferveur révolutionnaire. L'exil, une autre forme de punition infligée par les autorités révolutionnaires, a contraint de nombreux individus à fuir leur patrie et à se réfugier à l'étranger. Les exilés devaient non seulement relever le défi d'un nouveau départ dans des territoires inconnus, mais aussi affronter le spectre obsédant d'être traqués par des agents révolutionnaires cherchant à éliminer toute menace perçue pour le nouveau régime. L'expérience de l'exil est celle d'une perte et d'une dislocation profondes, les individus étant confrontés aux dures réalités du déplacement et de l'éloignement de leur terre natale. L'exécution, peut-être la forme la plus spectaculaire et la plus brutale de punition pendant la révolution, était exécutée avec une efficacité glaçante par la guillotine. Cet instrument de mort mécanique, introduit comme une alternative plus humaine aux méthodes d'exécution traditionnelles, est devenu un symbole de la position intransigeante de la révolution à l'égard de ses ennemis. Des milliers d'individus, des paysans aux nobles, ont trouvé la mort sur la guillotine, leur vie s'éteignant d'une manière rapide et publique qui a provoqué une onde de choc dans la population.

Le règne de la Terreur, une période de violence et de répression intenses orchestrée par des personnages tels que Robespierre, a illustré les extrêmes auxquels les révolutionnaires étaient prêts à aller dans leur poursuite de la pureté idéologique et du pouvoir politique. La nature arbitraire de la justice à cette époque, où des individus pouvaient être condamnés à mort sur simple soupçon ou dénonciation, a créé une atmosphère de peur et de paranoïa qui s'est répandue dans tous les aspects de la société. L'héritage de l'utilisation par la Révolution française de l'emprisonnement, de l'exil et de l'exécution comme outils de contrôle politique et d'ingénierie sociale s'inscrit dans les annales de l'histoire. Le zèle des révolutionnaires pour le changement et leur volonté de sacrifier des vies au nom du progrès servent de mise en garde contre les dangers d'un pouvoir incontrôlé et la fragilité des droits individuels en période de bouleversements. Les cicatrices laissées par les représailles brutales de la révolution restent un rappel du coût élevé de la révolution et de la lutte permanente pour la justice et la dignité humaine.

Évaluation de l'impact à long terme de la révolution sur la société et la gouvernance françaises

La Révolution française de 1789 est un moment charnière de l'histoire qui a non seulement remodelé la société et la gouvernance françaises, mais qui a également eu des répercussions dans le monde entier. L'héritage de la Révolution, tant positif que négatif, a laissé une marque indélébile sur le cours de l'histoire humaine. L'un des principaux impacts à long terme de la Révolution a été la transformation profonde de la société française. La Révolution a non seulement aboli les privilèges féodaux de la noblesse et du clergé, mais elle a également annoncé l'avènement d'un nouvel ordre social fondé sur le mérite plutôt que sur le droit d'aînesse. Les principes d'égalité devant la loi et les droits individuels, inscrits dans la Déclaration des droits de l'homme et du citoyen, ont ouvert la voie à une société plus égalitaire où tous les citoyens sont traités sur un pied d'égalité devant la loi. En outre, la Révolution a fondamentalement modifié les relations entre l'État et ses citoyens. L'instauration d'une monarchie constitutionnelle, puis de la première République française, a marqué un tournant vers une forme de gouvernement plus démocratique et plus représentative. Les révolutionnaires ont cherché à créer un système de gouvernance responsable devant le peuple et fondé sur le consentement des gouvernés. La décentralisation du pouvoir et la mise en place d'un système d'équilibre des pouvoirs visaient à prévenir les abus de pouvoir et à protéger les droits des citoyens.

En outre, la Révolution a eu de profondes répercussions sur le rôle de l'État dans la société. Les révolutionnaires ont cherché à créer un État plus interventionniste, capable de promouvoir activement le bien-être de ses citoyens et de garantir la justice sociale. La laïcisation de l'éducation et du système juridique, ainsi que la centralisation du pouvoir à Paris, visaient à créer un État-nation plus unifié et plus cohérent. La Révolution a également jeté les bases du développement d'institutions bureaucratiques modernes et de pratiques administratives qui continuent à façonner l'État français aujourd'hui.

Cependant, la Révolution n'a pas été exempte de côtés sombres. La période de troubles révolutionnaires a été marquée par la violence, la répression et l'extrémisme politique. Le règne de la Terreur, marqué par des exécutions massives et des purges politiques, rappelle brutalement les dangers d'une ferveur révolutionnaire non maîtrisée par le respect des droits de l'homme et de l'État de droit. L'ascension de Napoléon Bonaparte et l'instauration de son régime autoritaire ont mis en évidence la fragilité des institutions démocratiques face à des hommes forts.

Malgré ces défis, l'héritage de la Révolution demeure une lueur d'espoir et une source d'inspiration pour les peuples du monde entier. Les principes de liberté, d'égalité et de fraternité défendus par les révolutionnaires continuent de servir de cri de ralliement à ceux qui aspirent à une société plus juste et plus équitable. L'impact à long terme de la Révolution française sur la société et la gouvernance françaises souligne le pouvoir durable du peuple de changer les choses et de façonner son propre destin. En conclusion, la Révolution française de 1789 reste un moment décisif de l'histoire qui continue de trouver un écho auprès de tous ceux qui croient en la dignité et aux droits inhérents de chaque individu. Son impact à long terme sur la société et la gouvernance françaises témoigne de l'héritage durable de ceux qui ont osé défier le statu quo et rêver d'un monde meilleur pour les générations futures.

Chapter 18

L'héritage de 1789 : L'évaluation des résultats

La Révolution française n'a pas seulement été un bouleversement politique et social, mais aussi le catalyseur de profondes transformations culturelles et intellectuelles qui se sont répercutées dans toute l'Europe. Cette période de changements tumultueux a déclenché une renaissance de l'expression artistique et de la recherche intellectuelle, remodelant le paysage culturel de la France et inspirant les penseurs et les artistes de tout le continent.

L'un des principaux héritages culturels de la Révolution française a été la promotion d'un nouveau sens de l'identité et de la solidarité nationales. La Révolution a favorisé un esprit de patriotisme et d'engagement civique, encourageant les citoyens à être fiers de leur pays et à participer à la construction d'une nouvelle société fondée sur les principes de liberté, d'égalité et de fraternité. Ce nouveau sentiment de conscience collective a alimenté les efforts artistiques et intellectuels qui ont cherché à capturer l'esprit du temps et à refléter les aspirations de l'ère révolutionnaire.

Dans le domaine de l'art, la Révolution française a déclenché une vague de créativité et d'innovation, les artistes cherchant à s'affranchir des contraintes des normes et des styles traditionnels. La période révolutionnaire a vu l'essor du néoclassicisme en tant que mouvement artistique dominant, avec des artistes tels que Jacques-Louis David embrassant les idéaux de la Grèce et de la Rome antiques pour dépeindre des scènes d'héroïsme et de vertu qui résonnaient avec l'ethos révolutionnaire. À la même époque, le romantisme commence à émerger en réaction au rationalisme du néoclassicisme, avec des artistes comme Eugène Delacroix qui imprègnent leurs œuvres d'émotion et de passion pour capturer les turbulences et l'incertitude de l'époque.

La Révolution française a également eu un impact profond sur la pensée intellectuelle, remettant en question des croyances de longue date et suscitant des débats sur la nature de la liberté, de la justice et de la démocratie. Les idéaux de raison et de progrès des Lumières ont trouvé une nouvelle expression dans les écrits de penseurs tels que Jean-Jacques Rousseau et le marquis de Condorcet, qui ont défendu les droits de l'individu et plaidé en faveur de la réforme sociale. La période révolutionnaire a également vu l'émergence de nouveaux courants philosophiques, tels que le socialisme utopique et l'anarchisme, qui ont offert des visions alternatives d'une société plus juste et équitable. En outre, l'héritage culturel et intellectuel de la Révolution française s'est étendu au-delà des frontières de la France, influençant les mouvements de changement politique et d'innovation culturelle dans toute l'Europe. Les idéaux révolutionnaires de liberté, d'égalité et de fraternité ont inspiré des révolutions dans des pays comme l'Italie, l'Allemagne et la Belgique, ainsi que des mouvements intellectuels et artistiques en Angleterre et en Russie. La Révolution française est ainsi devenue une pierre de touche pour les penseurs et les artistes progressistes qui cherchaient à remettre en question le statu quo et à envisager un monde plus juste et plus éclairé. En conclusion, l'impact culturel et intellectuel de la Révolution française a été considérable et durable, remodelant l'expression artistique, la pensée philosophique et le discours politique de manière profonde et pérenne. L'héritage de la Révolution continue d'inspirer des générations d'artistes et de penseurs à s'engager dans les idéaux de liberté, d'égalité et de solidarité, nous rappelant le pouvoir transformateur de la créativité et de l'intellect humains dans l'élaboration du cours de l'histoire.

Analyse des réussites et des échecs de la Révolution française

La Révolution française, un moment décisif dans les annales de l'histoire, témoigne de la quête humaine de liberté, d'égalité et de justice. L'établissement des principes républicains et le démantèlement du système monarchique sont des réalisations essentielles de la Révolution. L'adoption de la Déclaration des droits de l'homme et du citoyen en 1789 a symbolisé un changement de paradigme vers une société plus inclusive et égalitaire. Ce document fondateur a consacré les principes des libertés individuelles, de l'égalité des droits et de la souveraineté populaire, établissant une nouvelle norme pour la gouvernance politique.

En outre, la Révolution française a catalysé une vague de réformes sociales et économiques visant à remédier à des siècles d'inégalités profondément enracinées. L'abolition des privilèges féodaux, la redistribution des terres et la promotion de la méritocratie ont ouvert une nouvelle ère d'opportunités pour les groupes marginalisés de la société française. L'engagement des révolutionnaires à égaliser les chances et à créer une société plus juste a trouvé un écho dans les aspirations des populations privées de leurs droits dans toute l'Europe et au-delà. Cependant, le chemin de la Révolution vers le progrès a été entaché par sa descente dans la violence et l'extrémisme. Le règne de la Terreur, chapitre sombre de l'histoire de la Révolution, a vu la montée en puissance du Comité de salut public et sa poursuite impitoyable des ennemis de l'État. Les exécutions massives et les purges politiques menées pendant cette période ont révélé les dangers d'un zèle révolutionnaire non maîtrisé par la morale ou le respect de la dignité humaine. En outre, l'héritage de la Révolution française a été terni par son incapacité à s'attaquer aux inégalités économiques et sociales systémiques. Si les révolutionnaires ont progressé dans le démantèlement de l'ancien ordre aristocratique, ils ont eu du mal à trouver des solutions durables à la pauvreté endémique, à l'inégalité et à l'injustice sociale. La montée en puissance de Napoléon Bonaparte, un homme fort de l'armée qui a consolidé le pouvoir et finalement établi un régime autocratique, a souligné la fragilité des idéaux révolutionnaires face aux bouleversements politiques et à l'ambition personnelle. En réfléchissant aux réussites et aux échecs de la Révolution française, nous nous rappelons les complexités inhérentes au changement révolutionnaire.

L'héritage de la Révolution continue de susciter des débats scientifiques et des contestations idéologiques, alors que les historiens et les penseurs s'interrogent sur sa signification durable pour les luttes contemporaines en faveur de la démocratie, des droits de l'homme et de la justice sociale. En nous intéressant de manière critique à ce moment charnière de l'histoire, nous acquérons des connaissances précieuses sur les défis et les possibilités d'un changement politique transformateur dans la poursuite d'une société plus équitable et plus juste.

La Révolution française a servi de catalyseur à la diffusion d'idées et de mouvements révolutionnaires à travers l'Europe et le monde. Les principes de liberté, d'égalité et de fraternité défendus par les révolutionnaires ont trouvé un écho auprès des peuples opprimés dans d'autres pays, les incitant à défier les régimes oppressifs et à rechercher l'autodétermination. De la révolution haïtienne dans les Caraïbes aux mouvements d'indépendance latino-américains, les effets de la Révolution française se sont répercutés bien au-delà des frontières de la France, laissant une marque indélébile sur la lutte mondiale pour les droits de l'homme et la démocratie.

En outre, la Révolution française a inauguré une nouvelle ère d'épanouissement culturel et intellectuel connue sous le nom de période romantique. Artistes, écrivains et philosophes se sont inspirés de l'esprit révolutionnaire pour explorer les thèmes de l'individualisme, de la nature et de l'expression émotionnelle dans leurs œuvres. Le mouvement romantique, qui met l'accent sur l'irrationnel, le sublime et le spirituel, a représenté un profond changement dans les sensibilités artistiques qui continue d'influencer l'expression créative jusqu'à aujourd'hui.

En conclusion, la Révolution française est un phénomène complexe et multiforme qui continue de façonner notre compréhension du changement politique, de la justice sociale et de l'innovation culturelle. Bien qu'elle ait connu sa part de succès et d'échecs, son héritage demeure un puissant symbole de l'aspiration humaine et de la lutte pour un monde plus juste et plus équitable. En examinant de manière critique les subtilités de cette période révolutionnaire, nous sommes mieux équipés pour comprendre les défis et les possibilités de changement transformateur dans la quête permanente d'une société plus inclusive et plus compatissante.

Chapter 19

Examen de la mise en place des institutions républicaines et de la diffusion des valeurs démocratiques

Après l'instauration de la première République française en 1792, le gouvernement révolutionnaire s'est lancé dans une série de réformes ambitieuses visant à remodeler la société et la gouvernance françaises. Le zèle révolutionnaire pour la liberté, l'égalité et la fraternité s'est répercuté dans toute la nation, inspirant une multitude de changements sociaux et politiques qui ont profondément influencé le cours de l'histoire française.

L'une des réformes les plus révolutionnaires de la période révolutionnaire a été la création de la Constitution civile du clergé en 1790, qui visait à réorganiser et à séculariser l'Église catholique en France. Cette mesure vise à limiter l'influence du clergé et à établir un système d'administration religieuse plus uniforme et plus centralisé. La Constitution civile du clergé a entraîné un schisme au sein de l'Église catholique, de nombreux membres du clergé refusant de prêter serment d'allégeance à la nouvelle Église contrôlée par l'État.

Outre les réformes religieuses, le gouvernement révolutionnaire a également mis en œuvre de vastes politiques économiques destinées à lutter contre les inégalités sociales et à promouvoir la prospérité économique. Des initiatives telles que l'abolition des privilèges féodaux et la redistribution des terres visaient à créer une société plus équitable, tandis que l'introduction de l'assignat comme nouvelle forme de monnaie visait à stabiliser l'économie au milieu des bouleversements politiques.

Le règne de la Terreur, une période de violence intense et de répression politique de 1793 à 1794, a marqué un chapitre sombre de l'histoire de la Révolution française. Poussé par la crainte d'une contre-révolution et de menaces extérieures, le Comité de salut public, dirigé par Maximilien Robespierre, a déclenché une vague d'exécutions massives et de purges politiques au nom de la préservation de la République. Le règne de la Terreur a pris fin avec la chute de Robespierre et la réaction thermidorienne en 1794, marquant une évolution vers une forme de gouvernance plus modérée et décentralisée.

Malgré sa nature tumultueuse et parfois violente, la Révolution française a laissé un héritage durable sur la société et la politique françaises. Les principes de liberté, d'égalité et de fraternité défendus pendant cette période continuent de résonner dans la conscience collective du peuple français, façonnant son identité et ses valeurs jusqu'à aujourd'hui. L'impact de la Révolution sur la démocratisation, les droits de l'homme et le rôle de l'État dans la société se répercute bien au-delà des frontières de la France, servant de source d'inspiration et d'aspiration pour les peuples du monde entier en quête de liberté et de justice.

La Révolution française a également été une période d'effervescence culturelle et intellectuelle importante, avec l'émergence de nouvelles idées et de mouvements artistiques qui remettaient en question les normes et les conventions traditionnelles. L'époque révolutionnaire a vu l'essor du romantisme en tant que style littéraire et artistique dominant, caractérisé par l'importance accordée aux émotions individuelles, à l'imagination et au monde naturel. Des écrivains et des poètes tels que Victor Hugo, Alexandre Dumas et Alphonse de Lamartine ont capturé l'esprit de la Révolution dans leurs œuvres, tissant des récits d'héroïsme, de passion et de bouleversements politiques qui ont trouvé un écho dans toute la France et au-delà.

La Révolution française a aussi joué un rôle essentiel dans l'élaboration des concepts modernes de citoyenneté et de participation à la vie politique. L'adoption de la Déclaration des droits de l'homme et du citoyen en 1789 a jeté les bases de la reconnaissance des droits de l'homme universels et de la notion de souveraineté populaire. Ces principes continuent d'alimenter les débats contemporains sur la démocratie, la justice sociale et les responsabilités des gouvernements envers leurs citoyens.

En conclusion, la Révolution française a été une période transformatrice de l'histoire de France, marquée par des changements spectaculaires dans la politique, la société et la culture. Son héritage perdure dans le cœur et l'esprit des Français, leur rappelant la lutte permanente pour la liberté, l'égalité et la solidarité qui définit l'identité de leur nation. L'impact de la Révolution se répercute à travers le temps, inspirant les générations futures à lutter pour un monde plus juste et plus inclusif, fondé sur les principes de liberté, d'égalité et de fraternité.

Discussion de questions non résolues telles que l'inégalité économique et l'injustice sociale

L'analyse des effets persistants de la Révolution française sur les inégalités économiques et l'injustice sociale révèle un héritage complexe et multiforme qui continue à façonner la France moderne. Malgré les aspirations de la révolution à l'égalité et à la fraternité, les disparités de richesse et d'opportunités persistent dans la société française, reflétant des inégalités structurelles profondément enracinées qui se sont avérées résistantes au changement.

L'inégalité économique reste un problème pressant dans la France contemporaine, avec des disparités de revenus, de richesse et d'accès aux ressources qui exacerbent les divisions sociales. La promesse révolutionnaire d'équité économique et de mobilité sociale n'a pas été pleinement réalisée, comme en témoigne la persistance de la pauvreté, du chômage et de la marginalisation économique de certains segments de la population. La concentration de la richesse et du pouvoir entre les mains de quelques privilégiés souligne le défi permanent que représente une distribution plus équitable des ressources et des opportunités pour tous les citoyens.

L'injustice sociale reste également une préoccupation majeure dans la France moderne, avec la discrimination, les préjugés et l'exclusion qui continuent d'affecter les communautés vulnérables et marginalisées. L'héritage du colonialisme, de l'esclavage et de l'oppression systémique a laissé de profondes cicatrices dans la société française, perpétuant les inégalités en fonction de la race, de l'origine ethnique, du sexe et de la classe sociale. L'incapacité à traiter les injustices historiques et à se réconcilier avec le passé a entravé les progrès vers une société plus inclusive et plus juste, où tous les individus sont valorisés et respectés indépendamment de leur origine ou de leur identité.

Les efforts pour lutter contre les inégalités économiques et l'injustice sociale en France ont été plus ou moins couronnés de succès, car les décideurs politiques et les défenseurs des droits de l'homme sont aux prises avec les complexités d'une économie mondiale en évolution rapide et d'une société diversifiée et interconnectée. Les initiatives visant à réduire la pauvreté, à promouvoir la mobilité sociale et à lutter contre la discrimination sont des étapes essentielles vers la construction d'une société plus équitable et plus inclusive, mais les barrières systémiques et les dynamiques de pouvoir enracinées continuent d'entraver les progrès vers la réalisation d'une véritable égalité et d'une justice pour tous. Les questions non résolues de l'inégalité économique et de l'injustice sociale dans la France moderne soulignent la pertinence permanente des idéaux épousés par les révolutionnaires de 1789 et la nécessité d'une vigilance et d'un activisme continus dans la poursuite d'une société plus juste et plus équitable. En affrontant les héritages du passé, en reconnaissant les injustices du présent et en travaillant à un avenir plus inclusif et durable, la France peut honorer les sacrifices de ceux qui se sont battus pour la liberté, l'égalité et la fraternité et s'assurer que leurs luttes n'ont pas été vaines.

L'intersection de l'inégalité économique et de l'injustice sociale dans la France contemporaine met en évidence la nature interconnectée de ces questions et la nécessité de stratégies globales et coordonnées pour les aborder de manière efficace. La persistance des barrières structurelles et de la discrimination systémique nécessite une approche holistique qui tienne compte de l'interaction complexe des facteurs contribuant à l'inégalité et à l'injustice, de l'accès inégal à l'éducation et aux soins de santé aux politiques de logement et aux pratiques d'emploi discriminatoires. En outre, l'héritage de la Révolution française rappelle la lutte permanente pour la justice sociale et les droits de l'homme, tant en France que dans le monde entier. Les principes de liberté, d'égalité et de fraternité continuent d'inspirer les mouvements de changement et de résistance à l'oppression, fournissant un cadre pour le plaidoyer et l'activisme dans la poursuite d'une société plus juste et équitable. Alors que la France est aux prises avec les conséquences durables de son passé révolutionnaire, les occasions ne manquent pas de construire un avenir plus inclusif et plus compatissant qui respecte la dignité et les droits de tous les individus, indépendamment de leur origine ou de leur situation.

En conclusion, l'héritage de la Révolution française sur l'inégalité économique et l'injustice sociale dans la France moderne est une histoire complexe et évolutive qui exige une réflexion, un dialogue et une action continus. En reconnaissant les racines historiques de l'inégalité et de l'injustice, en relevant les défis actuels avec courage et détermination et en envisageant un avenir guidé par les principes de solidarité et d'équité, la France peut continuer à se frayer un chemin vers une société plus juste et plus harmonieuse pour tous ses citoyens.

Chapter 20

La France au XXIe siècle: Défis et mécontentements

Au XXIe siècle, la France se trouve à la croisée des chemins, aux prises avec un ensemble complexe de défis qui ont suscité le mécontentement et l'incertitude au sein de sa population. Alors que le pays navigue sur les marées mouvantes de la mondialisation, du progrès technologique et de la transformation sociétale, il est confronté à une multitude de problèmes interconnectés qui soulignent la fragilité de son tissu social et politique.

Sur le plan économique, la France continue de se débattre avec les séquelles de la crise financière mondiale de 2008, qui a mis en évidence les vulnérabilités structurelles de son économie. Malgré les efforts déployés pour stimuler la croissance et créer des emplois, le spectre d'un taux de chômage élevé, en particulier chez les jeunes et les communautés marginalisées, se profile à l'horizon. Le double défi de la revitalisation économique et de la protection sociale reste un exercice d'équilibre délicat, le gouvernement cherchant à répondre aux demandes de responsabilité fiscale et de justice sociale. Sur le plan politique, la France a connu une montée du sentiment populiste et une érosion de la confiance dans les institutions établies. La montée des partis d'extrême droite et des mouvements anti-establishment a mis en lumière de profondes fractures au sein de la société, les citoyens étant aux prises avec des questions d'identité nationale, de souveraineté et de gouvernance. Les lignes de fracture traditionnelles entre la gauche et la droite ont cédé la place à un paysage plus complexe d'idéologies et de programmes concurrents, mettant à l'épreuve la résilience du système démocratique du pays.

Sur le plan social, la France est confrontée aux complexités du multiculturalisme, de l'intégration et de la cohésion sociale à une époque de mondialisation et de migration accrues. Les défis liés à la promotion d'un sentiment d'unité nationale tout en respectant la diversité et les droits individuels ont conduit à des débats controversés sur des questions telles que la laïcité, la politique d'immigration et l'assimilation culturelle. La tension entre le maintien des valeurs françaises de liberté, d'égalité et de fraternité et la prise en compte des divers besoins et aspirations d'une société pluraliste reste un dilemme central pour les décideurs politiques comme pour les citoyens. Le mécontentement qui couve sous la surface de la société française s'est exprimé sous diverses formes de protestations et de troubles civils. Des manifestations du mouvement des Gilets jaunes contre les inégalités économiques aux grèves pour contester les réformes du travail, les citoyens se sont mobilisés pour exiger plus de responsabilité, de transparence et d'inclusivité dans la gouvernance. La clameur en faveur du changement et le rejet du statu quo signalent un appel plus large en faveur d'un système politique plus équitable et plus réactif qui représente véritablement les intérêts de tous les citoyens.

Dans ce paysage turbulent, la France est également confrontée à des défis environnementaux qui exigent une attention urgente. Le changement climatique, la pollution et l'épuisement des ressources constituent des menaces existentielles pour les écosystèmes naturels et la santé humaine du pays. La nécessité d'un développement durable, de sources d'énergie renouvelables et d'efforts de conservation est devenue de plus en plus pressante, suscitant des appels à des mesures politiques audacieuses et à une action collective pour sauvegarder l'environnement pour les générations futures.

Au milieu de ces défis complexes et interdépendants, la France est également confrontée à son passé colonial et à l'héritage de l'impérialisme. Les débats sur la mémoire historique, les réparations et la justice raciale se sont intensifiés ces dernières années, alors que la société est aux prises avec les effets durables de la colonisation sur son identité collective et ses relations sociales. La nécessité d'affronter des vérités difficiles, de reconnaître les torts du passé et de construire un avenir plus inclusif et plus équitable pour tous les citoyens est devenue un impératif pressant dans la quête de réconciliation et de guérison.

Alors que la France est aux prises avec ces défis aux multiples facettes, elle se trouve à un moment critique de son histoire. La voie à suivre exige un engagement en faveur du dialogue, du compromis et de l'innovation pour s'attaquer aux causes profondes du mécontentement et favoriser l'avènement d'une société plus inclusive et plus équitable pour tous. Ce n'est qu'au prix d'un effort concerté pour combler les fossés, construire un consensus et rechercher des solutions durables que la France peut espérer naviguer dans les complexités du 21e siècle et en sortir plus forte et plus résiliente que jamais.

Aperçu des défis contemporains auxquels la France est confrontée, notamment la stagnation économique, la polarisation politique et l'agitation sociale

Dans le paysage complexe de la France contemporaine, les défis auxquels la nation est confrontée ont des causes profondes et des implications de grande envergure qui nécessitent une compréhension nuancée pour être relevés efficacement. Stagnation économique: Les défis économiques auxquels la France est confrontée résultent d'une combinaison de problèmes structurels et de facteurs externes. La rigidité du droit du travail et le niveau élevé des impôts sont depuis longtemps considérés comme des obstacles à la croissance des entreprises et à la création d'emplois. En outre, le système de protection sociale français, tout en apportant un soutien essentiel à ses citoyens, a créé une lourde charge fiscale qui pèse sur la compétitivité économique. La mondialisation et les progrès technologiques ont accéléré le rythme du changement, obligeant la France à s'adapter rapidement pour rester compétitive au niveau mondial. La nécessité de réformes structurelles visant à rationaliser les réglementations, à encourager l'innovation et à promouvoir l'esprit d'entreprise est primordiale pour revitaliser l'économie et favoriser une croissance durable.

Polarisation politique: La polarisation de la vie politique française reflète les divisions profondes de la société et le désenchantement à l'égard des institutions politiques traditionnelles. La montée du populisme et de l'extrémisme a fragmenté le paysage politique, rendant de plus en plus difficile l'adoption de politiques cohérentes répondant aux divers besoins de la population. Les fractures idéologiques ont érodé la confiance dans les dirigeants et les institutions politiques, ce qui complique encore les efforts visant à trouver un terrain d'entente et à mettre en œuvre une gouvernance efficace. Pour combler ces fossés, il faudra renouveler l'engagement en faveur du dialogue, du compromis et d'une prise de décision inclusive qui donne la priorité au bien commun plutôt qu'aux intérêts partisans.

L'agitationsociale: L'agitation sociale en France est une manifestation d'inégalités socio-économiques et de griefs profondément enracinés qui couvent sous la surface depuis des années. Le mouvement des Gilets jaunes, en particulier, a mis en lumière les frustrations de nombreux citoyens de la classe ouvrière qui se sentent marginalisés par des politiques économiques qui favorisent l'élite. L'inégalité des revenus, l'accès à un logement abordable et la sécurité de l'emploi font partie des questions urgentes qui suscitent le mécontentement social et alimentent les protestations et les manifestations. Pour relever ces défis, il faudra adopter une approche globale combinant des politiques sociales ciblées, des investissements dans l'éducation et la formation et des efforts visant à créer une société plus inclusive et plus équitable où tous les citoyens ont la possibilité de s'épanouir.

En conclusion, pour relever les défis contemporains auxquels la France est confrontée, il faut adopter une approche à multiples facettes qui prenne en compte les dynamiques économiques, politiques et sociales interdépendantes qui façonnent l'avenir de la nation. En encourageant le dialogue, en promouvant la cohésion sociale et en poursuivant des réformes économiques durables, la France peut surmonter ces obstacles et construire une société plus résiliente et plus prospère pour tous ses citoyens.

Examen de la désillusion du public à l'égard des élites et des institutions politiques

Ces dernières années, la France a été confrontée à une série de défis complexes qui ont profondément affecté son paysage social, économique et politique. L'un des problèmes les plus urgents auxquels le pays est confronté est la stagnation économique persistante qui a entravé la croissance durable et exacerbé l'inégalité des revenus. Malgré les efforts déployés pour stimuler l'économie, la France reste confrontée à des taux de chômage élevés, en particulier chez les jeunes et les communautés marginalisées. Le manque d'opportunités d'emploi et de mobilité ascendante a créé un sentiment de désillusion et de frustration chez de nombreux citoyens français, alimentant l'agitation sociale et la désaffection politique. En outre, le paysage politique en France est devenu de plus en plus polarisé, les lignes des partis traditionnels s'estompant et les mouvements populistes gagnant du terrain. La montée des idéologies d'extrême droite et d'extrême gauche a fragmenté le spectre politique, rendant difficile pour les partis traditionnels de forger un consensus et de gouverner efficacement. L'érosion de la confiance dans les institutions politiques et les élus a créé un terrain propice au scepticisme et au cynisme, favorisant un sentiment de déconnexion entre le gouvernement et le peuple.

Dans ce contexte d'incertitude économique et de polarisation politique, les questions sociales sont également passées au premier plan, suscitant l'indignation de l'opinion publique et déclenchant des manifestations de masse. Les controverses entourant les brutalités policières, la discrimination raciale et la dégradation de l'environnement ont mis à nu des inégalités sociétales et des injustices systémiques profondément enracinées. Les appels à des réformes structurelles et à la justice sociale ont résonné dans tout le pays, avec des demandes de responsabilité et de changement de plus en plus fortes et insistantes. La convergence de ces défis souligne le besoin urgent d'une approche globale et inclusive pour faire face aux crises multiformes auxquelles la France est confrontée. Des réformes significatives dans des domaines tels que la politique économique, la justice sociale et la gouvernance politique sont essentielles pour restaurer la confiance du public et revitaliser le processus démocratique. Pour traverser cette période de turbulences, les dirigeants français doivent faire preuve de vision, d'empathie et d'un engagement à favoriser l'unité et la résilience face à l'adversité. Ce n'est que par une action collective et un sens partagé de l'objectif que la France pourra surmonter ses défis actuels et construire un avenir plus équitable et plus prospère pour tous ses citoyens.

Chapter 21

Le décalage entre les idéaux révolutionnaires et les réalités actuelles

Pour examiner le décalage entre les idéaux révolutionnaires de la Révolution française et les réalités actuelles de la France, il est essentiel d'approfondir le contexte historique qui a façonné la trajectoire du pays depuis ce moment charnière de 1789. La Révolution, avec ses cris de ralliement de liberté, d'égalité et de fraternité, a déclenché une étincelle d'espoir et de transformation qui s'est répercutée à travers l'Europe et le monde. Cependant, au fil des années, la ferveur initiale du zèle révolutionnaire a cédé la place aux bouleversements politiques, aux guerres et aux visions concurrentes de l'avenir de la nation, et le fossé entre les nobles aspirations des révolutionnaires et les complexités de la gouvernance est devenu de plus en plus prononcé.

L'un des héritages durables de la Révolution française est la tension entre les principes universels qu'elle a épousés et les spécificités historiques de la société française. Alors que la Déclaration des droits de l'homme et du citoyen proclame l'égalité devant la loi et les droits des individus à la liberté, à la propriété, à la sécurité et à la résistance à l'oppression, l'application et la réalisation de ces droits ont été inégales et semées d'embûches. L'héritage du féodalisme, les vestiges des privilèges aristocratiques et la persistance des hiérarchies sociales ont constitué des obstacles à la pleine mise en œuvre des idéaux égalitaires dans la société française. En outre, la transition d'un bouleversement révolutionnaire à un système de gouvernance stable a été marquée par des périodes de troubles, d'autoritarisme et d'expérimentation de diverses formes de gouvernement. La montée et la chute des différents régimes politiques, de la Convention nationale révolutionnaire à l'Empire napoléonien, en passant par la Restauration des Bourbons et l'établissement de républiques démocratiques, reflètent la lutte permanente pour équilibrer les impératifs d'ordre et de liberté dans une nation aux prises avec son passé révolutionnaire.

La question de l'identité nationale de la France et de sa place dans un monde de plus en plus interconnecté a été une source de débat et d'introspection permanente. La tension entre l'affirmation des valeurs culturelles et des traditions françaises et l'acceptation de la diversité et de la mondialisation pose un défi à la notion de fraternité en tant que force unificatrice entre les citoyens. La montée récente des mouvements populistes, les tendances xénophobes and islamophobes anti-immigrés et les débats sur la laïcité française soulignent la complexité de forger une identité nationale cohérente qui honore l'héritage révolutionnaire de la nation tout en s'adaptant aux réalités d'une société diverse et dynamique.

En affrontant le fossé entre les idéaux révolutionnaires et les réalités d'aujourd'hui, la France doit s'engager dans un processus d'introspection et de renouvellement qui reconnaît les complexités de son histoire et les aspirations de son peuple. En réévaluant les principes de liberté, d'égalité et de fraternité à la lumière des défis et des opportunités contemporains, la société française peut tracer une voie qui incarne l'esprit de la Révolution tout en répondant aux questions urgentes de justice sociale, de légitimité politique et de cohésion nationale. C'est par ce dialogue et cette réflexion continus que l'héritage durable de la Révolution française peut être considéré comme une source d'inspiration et de renouveau pour la nation et ses citoyens.

Cela en valait-il la peine ? Revoir la question de la révolution

Le débat sur la question de savoir si les sacrifices des révolutionnaires étaient justifiés par les résultats de la révolution s'étend à un réseau complexe de considérations historiques, morales et éthiques. Les détracteurs de la Révolution française soulignent souvent la violence, le chaos et les effusions de sang qui ont marqué l'époque comme autant de preuves de son échec inhérent. Le règne de la Terreur, en particulier, est devenu emblématique de la descente de la révolution dans l'anarchie et la tyrannie, avec des milliers de personnes qui ont péri sous la guillotine. La révolution, dit-on, a trahi ses nobles idéaux de liberté, d'égalité et de fraternité par sa quête impitoyable du pouvoir et son mépris de la vie humaine. D'un autre côté, les défenseurs de la révolution affirment que les sacrifices des révolutionnaires étaient nécessaires pour briser les chaînes de l'oppression et inaugurer une nouvelle ère de démocratie et d'égalité. L'abolition des privilèges féodaux, la déclaration des droits de l'homme universels et l'établissement d'une république fondée sur la volonté du peuple sont cités comme des réalisations tangibles de la lutte révolutionnaire. En outre, la révolution a inspiré des mouvements de changement social et politique dans le monde entier, laissant une marque indélébile sur le cours de l'histoire. Pour réévaluer la question de savoir si la révolution en valait la peine, il est essentiel de considérer le contexte plus large dans lequel les événements de 1789 se sont déroulés.

La France de l'époque était une société profondément enracinée dans l'inégalité, avec une hiérarchie sociale rigide qui étouffait la liberté individuelle et les opportunités. Dans leur quête de justice et de libération, les révolutionnaires se sont heurtés à un système fondamentalement injuste et insoutenable. Le coût de leurs actions, bien qu'indéniablement élevé, doit être mesuré à l'aune des injustices qu'ils cherchaient à corriger. En outre, la Révolution française sert de mise en garde contre les dangers d'un pouvoir incontrôlé et les périls du fanatisme. Les excès de la révolution, notamment la montée en puissance du Comité de sécurité publique dirigé par Robespierre et la répression brutale de la dissidence, mettent en évidence le risque que les révolutions échappent à tout contrôle et sombrent dans la tyrannie. La leçon de la révolution n'est donc pas simplement celle du triomphe ou de la tragédie, mais celle des complexités et des contradictions inhérentes aux efforts de l'homme pour provoquer un changement social.

Lorsque nous regardons les événements de 1789 avec le recul, il est clair que l'héritage de la Révolution française est loin d'être réglé. La question de savoir si les sacrifices des révolutionnaires en valaient la peine reste un sujet de débat et de contemplation, qui nous invite à nous engager de manière critique dans le passé et à réfléchir aux implications pour le présent. En fin de compte, la réponse à cette question ne réside peut-être pas dans un bilan précis des gains et des pertes, mais dans la lutte permanente pour défendre les valeurs de liberté, d'égalité et de justice qui animaient les révolutionnaires d'antan.

Il est essentiel de reconnaître aussi l'impact global de la Révolution française au-delà de ses frontières immédiates. Les idéaux de la révolution, tels que l'égalité et la démocratie, ont résonné au-delà des frontières, inspirant des mouvements pour le changement dans des pays très éloignés. Les échos de la révolution se sont répercutés dans les révolutions américaine et haïtienne, influençant le cours de l'histoire et façonnant le monde moderne. L'interconnexion des révolutions démontre l'importance durable de la Révolution française en tant que catalyseur de mouvements politiques et sociaux transformateurs. En contemplant les sacrifices consentis par les révolutionnaires, nous devons également prendre en compte le coût personnel de leurs actions. Les hommes et les femmes qui sont descendus dans la rue, ont risqué leur vie et consenti le sacrifice ultime croyaient en une société plus juste et plus équitable. Leur courage et leur conviction, bien qu'empreints de complexité et de contradiction, témoignent de l'éternel désir de liberté et de dignité de l'être humain. L'héritage des révolutionnaires se perpétue dans les luttes des peuples opprimés et dans la quête permanente de justice et d'égalité.

En conclusion, la question de savoir si les sacrifices des révolutionnaires ont été justifiés par les résultats de la Révolution française reste une question à multiples facettes et contestée. La révolution est un moment charnière de l'histoire, marqué par des triomphes et des tragédies, des progrès et des régressions. Alors que nous naviguons dans les complexités du passé, nous nous souvenons de la pertinence durable de l'héritage de la révolution, qui a façonné notre compréhension de la liberté, de l'égalité et de la fraternité. C'est en nous confrontant aux complexités de l'histoire que nous sommes en mesure d'apprendre, de réfléchir et, en fin de compte, de lutter pour une société plus juste et plus inclusive pour tous. Le philosophe Jean-Jacques Rousseau a fait remarquer un jour que "l'homme naît libre, et partout il est enchaîné". Ce sentiment résume la volonté sous-jacente des révolutionnaires de se libérer des chaînes de l'oppression et de la tyrannie qui les entravaient. C'est une quête de libération, un désir ardent d'une société plus juste et plus équitable qui a alimenté leurs actions et leurs sacrifices. Les révolutionnaires étaient animés d'une fervente croyance dans le pouvoir du peuple de façonner son propre destin, de tracer la voie vers un avenir meilleur pour eux-mêmes et les générations à venir.

Les sacrifices des révolutionnaires, bien que marqués par le sang et la tourmente, se sont répercutés au-delà des frontières de la France, inspirant des mouvements de changement et de réforme dans le monde entier. La Révolution française a été une lueur d'espoir pour ceux qui aspiraient à la liberté et à l'égalité, déclenchant des révolutions dans des pays lointains et modifiant le cours de l'histoire de manière imprévisible. Les échos de la révolution peuvent encore être entendus aujourd'hui, dans les cris pour la justice et la dignité qui résonnent à travers le monde. Lorsque nous réfléchissons à la question de savoir si les sacrifices des révolutionnaires étaient justifiés, nous sommes confrontés aux complexités de l'effort humain et aux nuances de l'interprétation historique.

La Révolution française a été un creuset de transformation, un chaudron de changement qui a testé les limites de l'ambition et de la moralité humaines. Les révolutionnaires, dans leur quête d'une société plus juste et plus équitable, ont été confrontés au poids de l'histoire et aux incertitudes de l'avenir. Leurs sacrifices, bien qu'empreints de paradoxes et de contradictions, incarnent la lutte intemporelle pour la dignité humaine et la liberté.

En fin de compte, la question de savoir si les sacrifices des révolutionnaires en valaient la peine reste ouverte à l'interprétation et au débat. L'héritage de la Révolution française reste un témoignage du désir durable de justice et d'égalité, de liberté et de fraternité. Les révolutionnaires, par leur courage et leur conviction, nous rappellent que des individus ordinaires ont le pouvoir de provoquer des changements extraordinaires, de remettre en cause le statu quo et d'influer sur le cours de l'histoire. C'est grâce à leurs sacrifices que nous nous rappelons l'importance durable de défendre les valeurs de liberté et d'égalité, de s'efforcer de créer une société plus juste et plus inclusive pour tous.

Chapter 22

Chapter 23

Les sacrifices des révolutionnaires sont-ils justifiés par les résultats de la révolution

À l'époque tumultueuse de la Révolution française, les sacrifices consentis par les révolutionnaires ont eu un impact retentissant sur la société. Au cœur de la ferveur révolutionnaire se trouvaient des individus animés par une croyance fervente dans les principes de liberté, d'égalité et de fraternité, prêts à tout risquer pour la vision d'une société plus juste et plus égalitaire. Leurs sacrifices, qu'ils prennent la forme de discours enflammés, d'actes de défiance audacieux ou d'une participation déterminée aux activités révolutionnaires, sont emblématiques de la profonde transformation qui balaie la France. Les sacrifices des révolutionnaires ne sont pas de simples gestes symboliques, mais des expressions tangibles de leur engagement inébranlable à remettre en question les structures de pouvoir bien établies de la monarchie et de l'aristocratie. De nombreux révolutionnaires ont couru des risques personnels considérables, y compris l'arrestation, l'emprisonnement et l'exécution, en osant s'élever contre les injustices de l'ancien régime. La guillotine, tristement célèbre pour son rôle dans le règne de la Terreur, est devenue non seulement un outil de la justice révolutionnaire, mais aussi un rappel brutal des enjeux élevés liés à la remise en question du statu quo.

Pourtant, au milieu du chaos et de la violence de la révolution, il est essentiel de reconnaître la complexité des sacrifices consentis par les révolutionnaires. Alors que certains ont opté pour une action radicale et le recours à la force pour atteindre leurs objectifs, d'autres ont cherché à promouvoir le changement par des moyens plus pacifiques, tels que l'organisation politique et le plaidoyer. Les diverses stratégies employées par les révolutionnaires soulignent la multiplicité des voix et des points de vue au sein du mouvement révolutionnaire, révélant la complexité de leurs motivations et de leurs actions. Malgré les coûts personnels et les risques encourus, les sacrifices des révolutionnaires ont joué un rôle crucial dans le remodelage de la société française.

La Révolution a inauguré une nouvelle ère marquée par les principes fondamentaux de la démocratie, des droits individuels et de l'égalité sociale, jetant les bases des conceptions modernes de la citoyenneté et de la participation politique. L'abolition des privilèges féodaux, l'instauration d'une monarchie constitutionnelle et la déclaration des droits de l'homme et du citoyen sont autant d'héritages durables des sacrifices des révolutionnaires. Cependant, les lendemains de la Révolution servent également de mise en garde, nous rappelant les conséquences involontaires et les ombres persistantes des bouleversements révolutionnaires. La montée des régimes autoritaires dans le sillage de la révolution, qui a culminé avec la dictature de Napoléon Bonaparte, a mis en évidence la fragilité des idéaux révolutionnaires face à la dynamique du pouvoir et à la faillibilité humaine. Les sacrifices des révolutionnaires, bien qu'ils aient contribué à déclencher des changements transformateurs, ont également témoigné des complexités et des contradictions inhérentes aux mouvements révolutionnaires.

Alors que nous réfléchissons aux sacrifices des révolutionnaires et à l'impact durable de la Révolution française, nous sommes contraints d'examiner les leçons tirées de ce moment charnière de l'histoire. Les sacrifices consentis par les révolutionnaires n'ont pas été vains ; ils restent un témoignage de la quête durable de liberté, de justice et d'égalité qui continue de résonner dans la lutte pour une société plus juste et plus inclusive.

Exploration d'autres voies de changement social et politique et de leurs conséquences potentielles

Exploration des voies alternatives au changement social et politique et de leurs conséquences potentielles : Alors que nous approfondissons les complexités de la Révolution française et les différentes voies qui auraient pu être empruntées pour parvenir à un changement social et politique, il est crucial de considérer le contexte historique plus large et les forces sous-jacentes qui ont façonné les décisions prises par les révolutionnaires de 1789. Les événements tumultueux de la révolution n'étaient pas des événements isolés, mais étaient profondément enracinés dans des siècles d'inégalité politique, sociale et économique en France. Une voie alternative qui aurait pu être suivie dans la période précédant la révolution était un effort plus concerté de la part de la monarchie et des classes privilégiées pour répondre aux griefs du tiers état et promulguer des réformes significatives. Le système de privilèges et de hiérarchies de l'Ancien Régime avait créé une société où régnaient l'inégalité et le mécontentement, la noblesse et le clergé détenant un pouvoir et des richesses disproportionnés tandis que les gens du peuple luttaient pour joindre les deux bouts. Si l'élite dirigeante avait reconnu les tensions qui couvaient et pris des mesures proactives pour s'attaquer aux causes sous-jacentes de l'agitation sociale, elle aurait peut-être pu éviter la ferveur révolutionnaire qui a finalement englouti la nation. En outre, les idéaux des Lumières, qui mettaient l'accent sur la raison, la liberté et l'égalité, offraient un cadre convaincant pour remodeler la société française et la gouvernance. Les penseurs des Lumières tels que Voltaire, Rousseau et Montesquieu ont remis en question les notions traditionnelles d'autorité et ont plaidé en faveur d'un ordre social plus juste et plus inclusif, fondé sur les principes démocratiques et les droits individuels. En adoptant ces principes et en les intégrant à leur vision révolutionnaire, les révolutionnaires auraient pu jeter des bases plus solides pour une réforme durable et une stabilité politique. En outre, la Révolution française a été l'occasion d'une coopération internationale et d'une solidarité entre les peuples opprimés de toute l'Europe. Alors que la révolution a déclenché des mouvements révolutionnaires dans des pays comme Haïti et l'Amérique latine, les révolutionnaires français n'ont pas réussi à tirer pleinement parti de cet esprit commun de résistance à l'oppression coloniale et au despotisme. En tendant la main aux forces révolutionnaires des pays voisins et en forgeant des alliances fondées sur des objectifs communs de liberté et d'égalité, les révolutionnaires auraient pu renforcer leur cause et étendre la portée de leur programme de transformation au-delà des frontières de la France. En outre, les révolutionnaires auraient pu explorer des systèmes alternatifs de gouvernance et d'organisation sociale allant au-delà des choix binaires de la monarchie et du républicanisme. Des concepts tels que le fédéralisme, la gouvernance communale et les coopératives de travailleurs offraient des alternatives viables à l'autorité centralisée et à l'exploitation capitaliste, permettant une approche plus décentralisée et participative de la prise de décision et de la distribution des ressources. En expérimentant ces modèles novateurs et en les adaptant aux besoins spécifiques de la société française, les révolutionnaires auraient pu favoriser un ordre social plus inclusif et plus durable, qui aurait permis aux individus et aux communautés de façonner leur propre destin. En considérant ces voies alternatives et leurs conséquences potentielles, nous comprenons mieux les complexités et les possibilités inhérentes au changement social et politique. La Révolution française représente un moment charnière de l'histoire qui continue de résonner avec les luttes modernes pour la justice, l'égalité et la démocratie. En réfléchissant aux chemins non empruntés et aux leçons à tirer de cette époque transformatrice, nous sommes mieux équipés pour relever les défis de notre époque et construire un monde plus juste et plus équitable pour les générations futures.

Réflexions sur les implications morales et éthiques de la violence et des bouleversements révolutionnaires

Les implications morales et éthiques de la violence et des bouleversements révolutionnaires constituent un terrain complexe et difficile à parcourir. La Révolution française, avec sa ferveur pour le changement et sa volonté de recourir à la violence pour atteindre ses objectifs, soulève de profondes questions sur le bien-fondé de telles actions dans la poursuite de la justice et de la liberté. Une première perspective postule que la fin justifie les moyens, arguant que la violence révolutionnaire était un mal nécessaire pour démanteler un régime oppressif et ouvrir la voie à une société plus juste et plus équitable. Les partisans de ce point de vue mettent en avant les structures de pouvoir bien établies dans la France prérévolutionnaire, qui profitaient à l'aristocratie et au clergé aux dépens des gens du peuple. Ils soutiennent que les actions radicales entreprises par les révolutionnaires ont constitué un moyen rapide et décisif de remédier à ces injustices et de catalyser la transformation sociale. Toutefois, un contre-argument émerge, mettant en doute l'intégrité morale du recours à la violence en tant qu'outil de changement. Les critiques affirment que le recours à la force et à la coercition ne peut jamais être justifié, car il entraîne inévitablement de nouvelles souffrances et perpétue les cycles de violence. Les atrocités commises pendant le règne de la Terreur, avec ses exécutions massives et son bain de sang généralisé, nous rappellent brutalement le coût humain d'un zèle révolutionnaire non maîtrisé par des considérations éthiques.

En outre, l'ambiguïté morale de la violence révolutionnaire soulève des questions sur la légitimité du pouvoir obtenu par la force. Un gouvernement issu de la violence peut-il vraiment prétendre représenter la volonté du peuple ? Le résultat final justifie-t-il les moyens utilisés pour y parvenir, ou la tache du sang versé entache-t-elle les fondements mêmes du nouvel ordre ? Ces dilemmes éthiques soulignent la tension entre les idéaux révolutionnaires et les réalités pratiques de la mise en œuvre d'un changement radical. Si les nobles principes de liberté, d'égalité et de fraternité ont inspiré les révolutionnaires, le processus désordonné et souvent brutal de la révolution a révélé les contradictions et les complexités inhérentes à la mise en œuvre de ces idéaux.

Lorsque nous réfléchissons aux implications morales et éthiques de la violence et des bouleversements révolutionnaires, nous sommes contraints d'affronter des vérités inconfortables sur la capacité humaine à la fois à la noblesse et à la dépravation. La Révolution française nous rappelle l'équilibre délicat entre idéalisme et pragmatisme, ainsi que le défi permanent que représente la conciliation d'aspirations nobles avec la réalité désordonnée de la lutte politique. Dans un monde marqué par des bouleversements sociaux et politiques permanents, les leçons de la Révolution française offrent un éclairage précieux sur les dilemmes moraux inhérents à la poursuite du changement social. En examinant de manière critique les dimensions éthiques de la violence révolutionnaire, nous pouvons approfondir notre compréhension des complexités de l'histoire et de la pertinence durable des considérations éthiques pour façonner l'avenir des sociétés en mutation.

L'héritage de la Révolution française se répercute à travers l'histoire, incitant les chercheurs et les penseurs à s'attaquer aux questions fondamentales qu'elle soulève sur le pouvoir, la justice et la nature humaine. Les débats sur la violence révolutionnaire continuent de résonner dans les luttes contemporaines pour le changement social, alors que les activistes et les décideurs politiques se débattent avec les complexités éthiques de la remise en question des systèmes d'oppression enracinés. En examinant la Révolution française à travers une lentille éthique, nous sommes obligés de considérer non seulement les conséquences immédiates de la violence et des bouleversements, mais aussi les implications à long terme pour la société et la gouvernance. Les leçons tirées de ce chapitre tumultueux de l'histoire nous rappellent l'importance durable de la réflexion éthique dans la poursuite d'un monde plus juste et plus équitable. Alors que nous naviguons dans les complexités des bouleversements politiques et des transformations sociales de l'ère moderne, les dilemmes éthiques posés par la violence révolutionnaire restent plus pertinents et plus pressants que jamais. En nous engageant dans ces questions éthiques difficiles, nous pouvons nous efforcer d'honorer les sacrifices et les luttes de ceux qui nous ont précédés tout en traçant la voie vers un avenir plus juste et plus compatissant pour tous.

Chapter 24

L'esprit de 1789 dans la France moderne : Renouveau ou régression ?

Pour explorer l'héritage durable de la Révolution française et son impact sur la France moderne, nous devons approfondir les complexités et les nuances de ce moment charnière de l'histoire. Les idéaux révolutionnaires de liberté, d'égalité et de fraternité, inscrits dans la Déclaration des droits de l'homme et du citoyen, ont laissé une marque indélébile sur l'identité nationale française, façonnant le paysage politique et la mémoire collective du pays.

La Révolution française de 1789 a été un événement sismique qui a déclenché une vague de changements transformateurs, renversant l'ancien régime et inaugurant une nouvelle ère de gouvernance républicaine. Ce fut une période de bouleversements et d'agitations sans précédent, les citoyens ordinaires se soulevant contre la monarchie et l'aristocratie oppressives, réclamant leurs droits et leurs libertés. La ferveur révolutionnaire qui a balayé la France à la fin du XVIIIe siècle était alimentée par un puissant mélange de ferment intellectuel, d'agitation sociale et de difficultés économiques. Des philosophes comme Voltaire, Rousseau et Montesquieu avaient jeté les bases de la révolution en critiquant le pouvoir absolutiste et en défendant les droits de l'individu. L'influence des penseurs des Lumières, associée aux griefs économiques des classes inférieures, à la famine et à la crise financière, a créé la tempête parfaite pour la révolution. La prise de la Bastille, le 14 juillet 1789, a marqué le début symbolique de la révolution et la chute de l'ancien régime. L'Assemblée nationale, représentant le troisième pouvoir, proclame la Déclaration des droits de l'homme et du citoyen, affirmant les principes de liberté, d'égalité et de fraternité comme fondement de l'ordre nouveau. Les révolutionnaires cherchent à créer une société plus juste et plus équitable, où tous les citoyens sont égaux devant la loi et ont le droit de participer à la gestion des affaires publiques.

Cependant, le chemin vers une société plus égalitaire est semé d'embûches et de contradictions. Le règne de la Terreur, mené par les Jacobins radicaux de Maximilien Robespierre, a déclenché une vague de violence et de répression au nom de la purge des contre-révolutionnaires et des ennemis de l'État. L'exécution du roi Louis XVI, la guillotine de milliers de personnes perçues comme des ennemis de la révolution et la centralisation du pouvoir entre les mains du

Comité de salut public ont soulevé des questions quant à l'engagement de la révolution envers ses propres idéaux. Malgré les excès de la Terreur, la Révolution française a également apporté des réformes durables qui ont façonné l'État français moderne. L'abolition des privilèges féodaux, l'instauration d'un système méritocratique fondé sur le talent et les capacités, la codification des lois dans le code Napoléon et la diffusion de l'éducation laïque ont contribué à la consolidation d'une société plus centralisée et plus égalitaire.

L'héritage de la Révolution française est une tapisserie complexe, tissée de triomphes et de tribulations. D'une part, la révolution symbolise le triomphe de l'esprit humain face à la tyrannie et à l'oppression, inspirant des mouvements pour la justice et la démocratie dans le monde entier. D'autre part, elle porte également les cicatrices de la violence, de l'extrémisme et de la désillusion qui ont entaché son chemin vers le progrès. Au milieu de ces tensions, l'esprit de 1789 se perpétue dans les luttes en cours pour le changement social et la réforme en France. Des soulèvements étudiants de mai 1968 aux manifestations des Gilets jaunes de ces dernières années, l'héritage de la Révolution française continue d'animer les mouvements populaires et l'activisme politique, remettant en cause le statu quo et exigeant une société plus juste et plus équitable. En réfléchissant à l'héritage durable de la Révolution française, nous nous rappelons l'impact profond de ce moment révolutionnaire sur le cours de l'histoire. Il nous rappelle la quête permanente de liberté, d'égalité et de solidarité qui continue d'animer le peuple français dans sa recherche d'une société plus juste et plus inclusive.

Sur la pertinence durable des idéaux révolutionnaires de liberté, d'égalité et de fraternité

Dans le sillage de la Révolution française, les idéaux de liberté, d'égalité et de fraternité se sont imposés comme les principes directeurs d'une ère nouvelle en France et au-delà. Ces idéaux révolutionnaires, proclamés dans la Déclaration des droits de l'homme et du citoyen, continuent de résonner dans la société moderne comme des aspirations fondamentales à la justice, aux droits de l'homme et au progrès social. Le concept de liberté, qui met l'accent sur les libertés et les droits individuels, reste une pierre angulaire des sociétés démocratiques du monde entier. La lutte pour les libertés civiles, telles que la liberté d'expression, de réunion et de religion, reste un thème central du discours politique contemporain. L'héritage de la Révolution française nous rappelle l'importance de sauvegarder ces droits contre l'autoritarisme et l'oppression. De même, le principe d'égalité, qui prône l'équité et l'opportunité pour tous, reste un principe central des mouvements sociaux et politiques modernes. Les efforts déployés en faveur de l'égalité des sexes, de la justice raciale et de l'équité économique reflètent l'influence durable de l'appel révolutionnaire en faveur de l'égalité devant la loi et de l'égalité des droits pour tous les citoyens.

Malgré les progrès réalisés dans ces domaines, l'héritage de la discrimination et de l'inégalité systémiques souligne la pertinence de l'objectif révolutionnaire de créer une société plus juste et plus inclusive. La fraternité, ou la solidarité et l'unité entre les individus et les communautés, continue d'être un principe directeur dans la recherche de la cohésion sociale et de la coopération. L'esprit de soutien mutuel et de responsabilité collective, défendu par les révolutionnaires, trouve un écho dans les efforts modernes visant à promouvoir l'empathie, la compassion et l'engagement communautaire. Alors que les sociétés sont confrontées à des défis tels que la fragmentation et la division sociales, l'appel à la fraternité rappelle l'importance de se rassembler en temps de crise et d'être solidaire avec ceux qui sont dans le besoin. La pertinence durable des idéaux révolutionnaires de liberté, d'égalité et de fraternité réside dans leur capacité à nous inspirer et à nous guider dans notre quête permanente d'une société plus juste, plus inclusive et plus humaine. Face aux complexités du monde moderne, ces principes offrent une boussole morale pour naviguer dans les méandres du pouvoir, des privilèges et du progrès. En réfléchissant à l'esprit de 1789 et à son impact profond sur le cours de l'histoire, nous pouvons puiser force et sagesse dans les luttes et les sacrifices du passé alors que nous nous efforçons de construire un avenir meilleur pour les générations à venir.

En plus de cela, la Révolution française n'a pas seulement laissé un impact profond sur la France, mais a également résonné dans le monde entier, influençant les mouvements de libération, les développements constitutionnels et les réformes sociales dans divers pays. La ferveur révolutionnaire qui s'est emparée de la France à la fin du XVIIIe siècle a déclenché une vague de bouleversements et de changements politiques qui s'est répercutée sur tous les continents. Les idéaux de liberté, d'égalité et de fraternité ont inspiré les révolutionnaires, les militants et les penseurs à défier les régimes oppressifs, à défendre les droits de l'homme et à se mobiliser pour le changement social. Dans le domaine du droit et de la gouvernance, la Révolution française a introduit des principes révolutionnaires qui ont remodelé le paysage juridique et contribué à jeter les bases du constitutionnalisme moderne. L'accent mis sur les droits individuels, l'État de droit et la séparation des pouvoirs a profondément influencé le développement des institutions démocratiques et des cadres constitutionnels dans de nombreux pays. L'héritage de la Révolution française se traduit par l'inscription des droits et libertés fondamentaux dans les constitutions du monde entier, ainsi que par la lutte permanente pour faire respecter ces principes face à l'autoritarisme et à la tyrannie.

En outre, les transformations sociales et économiques déclenchées par la Révolution française ont ouvert la voie à des changements significatifs dans la répartition des richesses, du pouvoir et des opportunités au sein des sociétés. Le démantèlement des privilèges féodaux, la redistribution des terres et la promotion de la méritocratie ont marqué une rupture radicale avec les hiérarchies et les inégalités traditionnelles. Si l'impact de la révolution sur les structures sociales et économiques a été révolutionnaire, son héritage comporte également des défis et des contradictions, car les promesses d'égalité et de solidarité se sont souvent heurtées aux réalités des conflits de classe et des divisions sociales.

En conclusion, la Révolution française reste un moment déterminant de l'histoire qui continue à façonner notre compréhension de la démocratie, des droits de l'homme et de la justice sociale. Son héritage durable nous rappelle le pouvoir de l'action collective, l'importance de la défense des valeurs universelles et la lutte permanente pour un monde plus équitable et inclusif. En nous attaquant aux complexités et aux contradictions de l'expérience révolutionnaire, nous pouvons en tirer des leçons et de l'inspiration pour relever les défis contemporains et œuvrer à un avenir plus juste et plus pacifique pour tous.

Chapter 25

Des mouvements et de l'activisme contemporains inspirés par l'héritage de la révolution

En explorant les mouvements et l'activisme contemporains inspirés par l'héritage de la Révolution française, nous sommes confrontés à un paysage diversifié d'initiatives sociales et politiques qui cherchent à défendre les valeurs de liberté, d'égalité et de fraternité dans la France moderne.

Un exemple marquant est le mouvement des Gilets jaunes, qui a émergé à la fin de 2018 en réponse à la hausse des prix du carburant et à la marginalisation perçue des citoyens de la classe ouvrière. Le mouvement a rapidement évolué vers une protestation plus large contre l'inégalité économique, l'injustice sociale et la déconnexion perçue entre l'élite politique et la population en général. Faisant le parallèle avec l'esprit révolutionnaire de 1789, les Gilets jaunes ont réclamé davantage d'opportunités économiques, de protections sociales et de responsabilité politique. Le mouvement des Gilets jaunes, avec sa structure décentralisée et sans leader, rappelle l'organisation populaire de la Révolution française, où les citoyens ordinaires sont descendus dans la rue pour réclamer le changement. L'utilisation par le mouvement de symboles et de slogans, tels que les emblématiques gilets jaunes eux-mêmes et les appels à des "référendums d'initiative citoyenne", reflétait un désir collectif de reprendre le pouvoir aux institutions bien établies et d'amplifier les voix de ceux qui sont souvent marginalisés dans le discours politique.

De même, des mouvements environnementaux tels que Extinction Rebellion et Fridays for Future se sont inspirés de l'appel révolutionnaire à la transformation de la société. En plaidant pour une action urgente contre le changement climatique, ces mouvements remettent en cause le statu quo et appellent à une réorganisation du contrat social pour donner la priorité au bien-être des générations futures. Extinction Rebellion, en particulier, utilise des tactiques de désobéissance civile et de résistance non violente qui rappellent les mouvements révolutionnaires du passé. En perturbant le cours normal des choses et en exigeant des mesures immédiates et radicales pour faire face à la crise climatique, les activistes cherchent à contraindre les gouvernements et les institutions à donner la priorité à la préservation de la planète plutôt qu'aux intérêts économiques à court terme.

Sur le plan culturel et artistique, l'héritage de la Révolution française continue d'inspirer des expressions créatives de dissidence et de critique sociale. De l'art de rue qui remet en question les récits dominants aux représentations théâtrales qui interrogent les structures du pouvoir, les artistes contemporains s'inspirent de l'éthique révolutionnaire pour susciter le dialogue et la réflexion sur des questions sociétales urgentes.

À l'ère numérique, les plateformes de médias sociaux sont devenues des champs de bataille virtuels où se répercutent les chambres d'écho des idées révolutionnaires. L'utilisation de hashtags, de mèmes et de pétitions en ligne sert d'outils modernes de résistance, permettant aux individus de se connecter, de s'organiser et de se mobiliser d'une manière inimaginable auparavant. Le monde numérique a démocratisé l'accès à l'information et facilité la solidarité mondiale, permettant aux mouvements inspirés par la Révolution française de transcender les frontières nationales et d'unir des voix disparates dans une quête commune de justice et d'égalité. En outre, l'activisme numérique et l'organisation en ligne ont fourni aux citoyens de nouveaux moyens de s'engager dans l'héritage de la Révolution. Les plateformes de médias sociaux servent de places publiques virtuelles où les idées sont échangées, les mouvements mobilisés et les actions collectives coordonnées. En exploitant le pouvoir de la technologie, les activistes modernes construisent des réseaux de solidarité et amplifient leurs voix afin d'obtenir des changements qui font écho à la ferveur révolutionnaire de 1789.

En examinant ces mouvements et activismes contemporains, nous nous rappelons l'importance durable de la Révolution française dans la formation de la conscience collective de la société française. Qu'il s'agisse de manifestations dans les rues, de plaidoyers dans les allées du pouvoir ou d'expressions artistiques qui remettent en cause le statu quo, les individus continuent de s'inspirer de l'esprit révolutionnaire pour exiger la justice, l'égalité et la responsabilité dans la poursuite d'une société plus équitable et plus inclusive.

En s'engageant dans les complexités et les nuances de ces mouvements modernes, nous voyons une riche tapisserie d'efforts de changement social qui transcendent les frontières traditionnelles et remettent en cause les structures de pouvoir enracinées. L'esprit de la Révolution française se perpétue non seulement dans la mémoire historique, mais aussi dans les luttes et les triomphes quotidiens de ceux qui cherchent à construire un monde plus juste et plus équitable. Alors que nous naviguons dans les incertitudes du moment présent, nous sommes appelés à réfléchir aux leçons du passé et à nous inspirer du zèle révolutionnaire qui continue d'animer les mouvements pour la justice sociale et la transformation à travers la France et au-delà.

Réflexions sur les possibilités de revitaliser l'esprit révolutionnaire face aux défis actuels

Dans un monde marqué par l'apathie politique et le désengagement social, la question de savoir comment rajeunir l'esprit révolutionnaire de 1789 se pose. Les idéaux de liberté, d'égalité et de fraternité restent aussi pertinents aujourd'hui qu'ils l'étaient pendant la Révolution française, et il est impératif d'explorer les moyens de raviver leur flamme face aux défis modernes.

L'une des façons de revitaliser l'esprit révolutionnaire consiste à embrasser l'activisme de base et l'organisation communautaire. En donnant aux individus les moyens de se rassembler et de plaider en faveur du changement au niveau local, nous pouvons favoriser un sentiment de solidarité et d'action collective qui rappelle la ferveur révolutionnaire du passé. Grâce à des initiatives telles que les assemblées de quartier, les campagnes menées par les citoyens et la démocratie participative, nous pouvons redonner vie à l'esprit de 1789 et mobiliser une nouvelle génération d'acteurs du changement. En outre, l'ère numérique offre des possibilités sans précédent de revigorer l'esprit révolutionnaire par l'intermédiaire des plateformes en ligne et des médias sociaux. En tirant parti de la technologie pour mettre en relation des personnes partageant les mêmes idées, partager des idées et coordonner l'activisme, nous pouvons amplifier nos voix et atteindre des publics plus larges que jamais. Qu'il s'agisse de pétitions en ligne, de campagnes de crowdfunding, de manifestations virtuelles ou de récits numériques, les possibilités de s'engager dans les idéaux révolutionnaires du passé dans un contexte moderne sont illimitées.

En outre, nous ne devons pas négliger l'importance de l'éducation dans la revitalisation de l'esprit révolutionnaire. En revisitant l'histoire de la Révolution française, en examinant d'un œil critique ses succès et ses échecs et en réfléchissant à son héritage durable, nous pouvons inspirer une nouvelle génération à embrasser les valeurs de justice, d'égalité et de solidarité. Grâce à la réforme des programmes scolaires, à des conférences publiques et à des programmes éducatifs interactifs, nous pouvons doter les individus des connaissances et des outils nécessaires pour devenir des citoyens informés et engagés, capables d'apporter des changements significatifs. Pour approfondir cette question complexe, il est essentiel d'examiner le rôle de la mémoire historique et de l'identité collective dans la formation de l'esprit révolutionnaire. La manière dont les sociétés se souviennent et interprètent les révolutions passées peut avoir un impact profond sur leur paysage politique actuel. En commémorant l'héritage de la Révolution française à travers des monuments, des musées et des événements culturels, nous pouvons nous assurer que ses leçons ne sont pas perdues dans l'histoire et que son esprit continue d'inspirer les générations futures.

En plus de cela, les défis de notre époque, tels que le changement climatique, l'inégalité économique et l'injustice sociale, appellent à un esprit révolutionnaire revigoré, fondé sur un engagement en faveur de la durabilité, de l'équité et de l'inclusivité. En reliant les principes de la Révolution française aux luttes contemporaines pour la protection de l'environnement, la justice économique et les droits de l'homme, nous pouvons forger une vision plus globale et transformatrice du changement social. À la lumière de la nature interconnectée de ces défis mondiaux, il devient évident qu'une approche transnationale de la revitalisation de l'esprit révolutionnaire est nécessaire. En formant des alliances au-delà des frontières, en partageant les meilleures pratiques et en coordonnant les efforts à l'échelle mondiale, nous pouvons exploiter le pouvoir collectif des peuples du monde entier pour faire avancer la cause de la liberté, de l'égalité et de la fraternité. En nous appuyant sur l'héritage des révolutions passées, nous pouvons créer un avenir plus inclusif et plus durable pour tous.

En conclusion, la revitalisation de l'esprit révolutionnaire au XXIe siècle exige une approche holistique et multidimensionnelle qui englobe l'activisme de base, l'innovation numérique, l'autonomisation éducative, la conscience historique, la collaboration transnationale et l'engagement envers les questions contemporaines urgentes. En intégrant l'esprit de 1789 dans un contexte moderne et en l'adaptant aux défis de notre époque, nous pouvons exploiter son pouvoir durable pour créer un avenir plus juste, plus équitable et plus démocratique pour tous. Il est temps de se réapproprier l'esprit révolutionnaire.

Chapter 26

Conclusion : Vers une nouvelle révolution ?

En approfondissant les complexités et les implications de la Révolution française, nous sommes confrontés à une profonde tapisserie de forces historiques et de courants idéologiques qui ont façonné le cours de cette période transformatrice.

La révolution de 1789 n'était pas une simple éruption spontanée de mécontentement populaire, mais plutôt l'aboutissement de griefs de longue date, de pressions économiques et de courants intellectuels qui couvaient sous la surface de la société française depuis des décennies. Au fond, la révolution française était un changement sismique dans la dynamique du pouvoir, les privilèges bien établis de l'aristocratie et du clergé étant remis en question par une classe moyenne en plein essor et une paysannerie agitée. La prise de la Bastille, symbole emblématique de la tyrannie royale, a marqué le début d'une vague de soulèvements populaires et d'une ferveur révolutionnaire qui ont déferlé sur la nation, conduisant finalement au renversement de la monarchie et à l'instauration d'une république. Les idéaux de liberté, d'égalité et de fraternité, inscrits dans la devise révolutionnaire, ont servi de principes directeurs à un nouvel ordre social qui cherchait à éradiquer les vestiges du féodalisme et à établir une société plus juste et plus équitable. La Déclaration des droits de l'homme et du citoyen, document historique inspiré par la philosophie des Lumières, proclame la dignité inhérente et l'égalité de tous les individus, ouvrant la voie à une remise en question radicale de la nature de l'autorité politique et des relations sociales. Cependant, la révolution n'a pas été exempte d'aspects plus sombres, car l'optimisme enivrant des premières années a cédé la place au fractionnisme, à la violence et à la répression. Le règne de la Terreur, orchestré par le régime jacobin radical dirigé par Maximilien Robespierre, a vu la montée d'un État totalitaire qui a utilisé la guillotine comme outil de purification politique, tuant des milliers de personnes perçues comme des ennemis de la révolution. Dans le sillage de la révolution, la France s'est trouvée aux prises avec l'héritage de son passé révolutionnaire, alors que des visions concurrentes de l'identité et du destin de la nation se disputaient la domination. L'ascension de Napoléon Bonaparte, chef militaire charismatique qui s'est emparé du pouvoir et s'est imposé comme empereur, a marqué un nouveau chapitre de l'histoire française, caractérisé par des ambitions impériales et un régime autoritaire. Pourtant, malgré l'effondrement de l'empire napoléonien et la restauration de la monarchie des Bourbons, les idéaux de la Révolution française sont restés une lueur d'espoir et une source d'inspiration pour les générations à venir. Des luttes pour les droits civiques et la justice sociale aux appels à la réforme démocratique et aux droits de l'homme, l'esprit de 1789 continue de résonner dans les allées du pouvoir et dans les rues de Paris, nous rappelant le pouvoir durable des idéaux révolutionnaires de façonner le cours de l'histoire et d'inspirer les mouvements pour le changement.

Réévaluation de la question posée par la Révolution française à la lumière des circonstances contemporaines

L'héritage de la Révolution française reste un sujet d'étude et d'interprétation intense dans la société contemporaine, alors que les chercheurs et les historiens continuent d'explorer les complexités et les nuances de ce moment charnière de l'histoire. Les événements de 1789 en France ont marqué un tournant dans la trajectoire du pays, déclenchant des forces qui allaient se répercuter à travers l'Europe et le reste du monde. Au cœur de la Révolution française se trouvait un profond défi à l'ordre social existant, les révolutionnaires cherchant à renverser les structures de pouvoir enracinées de l'ancien régime et à établir un nouvel ordre politique et social fondé sur les principes de liberté, d'égalité et de fraternité. L'engagement des révolutionnaires en faveur de ces idéaux a entraîné des changements spectaculaires dans la société française, notamment l'abolition des privilèges féodaux, l'instauration d'une monarchie constitutionnelle et l'avènement d'une république. Toutefois, la révolution a également été marquée par la violence, les bouleversements et la discorde interne, les factions rivales se disputant le pouvoir et l'influence dans le chaos qui a suivi la chute de la monarchie. Le règne de la Terreur, une période de violence et de répression sanctionnée par l'État, incarne le côté sombre de la révolution, des milliers d'ennemis supposés de l'État ayant été exécutés au nom de la pureté révolutionnaire et de la sécurité nationale. La question de savoir si les sacrifices des révolutionnaires étaient justifiés reste une question controversée et non résolue, car les perspectives historiques sur la révolution ne cessent d'évoluer et de se modifier. Si certains affirment que la révolution a jeté les bases des idéaux démocratiques modernes et des mouvements révolutionnaires dans le monde entier, d'autres soulignent le coût humain de la révolution et son incapacité à réaliser pleinement les nobles principes qu'elle défendait. Un aspect de la révolution souvent négligé est le rôle des femmes dans l'élaboration de son cours et de son issue. Les femmes ont joué un rôle essentiel, mais souvent marginalisé, dans les événements de 1789, en participant aux manifestations, en formant des clubs politiques et en défendant leurs propres droits dans le cadre de la révolution. Malgré leurs contributions, les femmes ont été largement exclues du processus politique qui a suivi la révolution, ce qui illustre les limites des idéaux révolutionnaires dans la pratique. Au-delà de son impact immédiat sur la France, la Révolution française a eu des conséquences d'une grande portée pour le reste du monde. Ses principes de liberté, d'égalité et de fraternité ont inspiré les mouvements révolutionnaires ultérieurs et les luttes pour l'indépendance dans des pays aussi divers qu'Haïti, l'Amérique latine et les États-Unis. L'héritage de la révolution continue de résonner dans les débats contemporains sur les droits de l'homme, la démocratie et la justice sociale, soulignant la pertinence durable de ses idéaux à l'ère moderne. Alors que nous sommes aux prises avec les complexités et les contradictions de la Révolution française, il est essentiel de se souvenir des leçons de l'histoire et de la quête permanente d'une société plus juste et plus équitable. L'esprit de 1789 se perpétue dans les luttes des peuples du monde entier pour la liberté, l'égalité et la solidarité, nous rappelant le pouvoir de transformation de l'action collective et l'impératif de poursuivre le travail inachevé de construction d'un monde meilleur pour tous.

Chapter 27

Des perspectives optimistes pour l'avenir

Alors que la France entre dans le XXIe siècle, les échos de la Révolution française de 1789 continuent de se répercuter dans sa société et ses institutions. L'héritage de cette période charnière de l'histoire est intimement lié à l'identité de la nation, dont il façonne les valeurs, la politique et les aspirations. Les idéaux de liberté, d'égalité et de fraternité, inscrits dans la devise révolutionnaire, restent des pierres de touche pour le peuple français qui doit relever les défis de la modernité. La période révolutionnaire a été marquée par des bouleversements et des transformations, car des hiérarchies sociales de longue date ont été bouleversées et une nouvelle vision de la gouvernance a émergé. La guillotine est devenue un symbole à la fois de justice révolutionnaire et de terreur, transcendant les clivages de classe pour instaurer un nouvel ordre fondé sur les principes d'égalité

DE LA RÉVOLUTION AU RENOUVEAU ~ 199

et de souveraineté populaire. La prise de la Bastille, la Déclaration des droits de l'homme et du citoyen et la montée en puissance de leaders révolutionnaires tels que Robespierre et Danton ont tous joué un rôle crucial dans l'évolution de la révolution et de ses conséquences. Au cours des siècles qui ont suivi, la France s'est trouvée aux prises avec son héritage révolutionnaire, cherchant à trouver un équilibre entre la poursuite du progrès et la préservation de la tradition. L'époque napoléonienne a vu la consolidation des acquis révolutionnaires et l'expansion de l'influence française en Europe, tandis que les périodes suivantes ont vu la restauration de la monarchie, la montée du républicanisme et le tumulte de deux guerres mondiales. À travers tout cela, l'esprit de 1789 est resté une lumière qui guide le peuple français, inspirant les mouvements pour les droits civiques, l'égalité des sexes et la justice sociale. Aujourd'hui, alors que la France est confrontée à de nouveaux défis dans les domaines de l'économie, de la politique et de la culture, l'héritage de la révolution reste une source d'inspiration et de débat. Les questions d'inégalité, d'immigration et d'identité nationale continuent d'animer le discours public, reflétant la pertinence des principes révolutionnaires pour la société contemporaine. Dans un monde globalisé marqué par des changements rapides et l'incertitude, la France se trouve à la croisée des chemins, cherchant à réconcilier son passé révolutionnaire avec les impératifs du présent. En regardant vers l'avenir, la France a la possibilité de s'appuyer sur son héritage révolutionnaire et de se frayer un chemin vers une société plus juste et plus inclusive. En tirant les leçons du passé et en exploitant l'esprit d'innovation et de solidarité qui a défini la révolution, le peuple français peut travailler à un avenir qui honore ses valeurs et ses aspirations communes. Alors que la nation poursuit son voyage de découverte de soi et de renouveau, l'héritage de 1789 nous rappelle que les idéaux révolutionnaires ont toujours le pouvoir de façonner le cours de l'histoire et d'inspirer des lendemains meilleurs. L'influence persistante de la Révolution française est également perceptible dans le paysage politique du pays. La période révolutionnaire a donné naissance à des idéaux républicains qui continuent de façonner le système de gouvernement français aujourd'hui. Le drapeau tricolore, qui symbolise la liberté, l'égalité et la fraternité, a flotté pour la première fois pendant la révolution et reste un symbole puissant des aspirations démocratiques de la nation. Les principes de la souveraineté populaire et de l'État de droit, défendus par des révolutionnaires comme Jean-Jacques Rousseau et Maximilien Robespierre, continuent d'inspirer les institutions politiques et la culture civique de la France. En outre, la Révolution française a eu un impact profond sur le développement du nationalisme moderne. La révolution a fait naître un sentiment d'identité collective et de solidarité parmi les Français, les unissant dans une lutte commune pour la liberté et l'égalité. Ce sentiment naissant de nationalisme allait définir l'identité française au cours des siècles suivants, façonnant les relations de la nation avec ses voisins et sa place dans le monde. L'accent mis par la révolution sur les droits de l'individu et la souveraineté de la nation a contribué à jeter les bases des conceptions modernes de la citoyenneté et de l'appartenance. Dans le domaine de la culture, la Révolution française a déclenché une vague de créativité et d'innovation qui a laissé une empreinte durable sur les arts, la littérature et la philosophie. La période révolutionnaire a vu l'émergence de nouvelles formes d'expression qui ont remis en question les normes et les conventions traditionnelles, de la poésie romantique de Lamartine aux discours passionnés de leaders révolutionnaires comme Saint-Just. La révolution a également donné naissance à une culture dynamique de pamphlet politique, de débat public et d'engagement civique, les citoyens de toute la France cherchant à façonner le destin de leur nation. L'héritage de la Révolution française n'est pas simplement une question d'intérêt historique ; il continue de façonner profondément les contours de la société et de la politique françaises. Les principes révolutionnaires de liberté, d'égalité et de fraternité servent de boussole morale à la nation, guidant ses actions et ses décisions en temps de crise et d'opportunité. Alors que la France est aux prises avec les complexités du monde moderne, l'esprit de 1789 reste une source de force et d'inspiration, rappelant au peuple français son héritage commun et le pouvoir durable des idéaux révolutionnaires pour transformer les vies et les sociétés.

Sources et références pour une lecture plus approfondie

1. Blanning, T.C.W. La Révolution française: Guerre des classes ou choc des cultures ? Basingstoke: Palgrave Macmillan, 2017. L'ouvrage deBlanning propose une analyse nuancée de la Révolution française, explorant l'interaction entre les conflits de classe et les dynamiques culturelles qui ont façonné cette période transformatrice de l'histoire. En se plongeant dans les complexités de l'idéologie révolutionnaire et du changement social, l'auteur remet en question les interprétations traditionnelles de la révolution et offre un nouvel éclairage sur ses causes et conséquences sous-jacentes.
2. Doyle, William. L'Histoire d'Oxford de la Révolution française. Oxford, Oxford University Press, 1989 : Oxford University Press, 1989. Considérée comme un ouvrage de référence dans le domaine des études sur la Révolution française, l'histoire complète de Doyle offre un récit détaillé des événements clés de la révolution, des figures de proue et des changements idéologiques. S'appuyant sur un large éventail de sources primaires et d'études historiques, ce livre constitue une ressource indispensable pour

comprendre les multiples facettes de la Révolution française et son impact durable sur l'histoire moderne.
3. Furet, François. Interpréter la Révolution française. Cambridge: Cambridge University Press, 2014. L'ouvrage de référence de-François Furet examine l'évolution des interprétations et des débats historiographiques autour de la Révolution française, mettant en lumière les diverses perspectives qui ont émergé au fil du temps. En analysant de manière critique les complexités de l'interprétation d'un événement historique aussi crucial, Furet incite les lecteurs à reconsidérer les récits établis et à explorer la signification de la révolution sous des angles nouveaux
4. Goodwin, A., et Charles Tilly. "Democratization". Daedalus, 114, no. 2 (1985) : L'article influent de Goodwin et Tilly explore le processus de démocratisation dans le contexte des mouvements révolutionnaires, en soulignant les défis et les opportunités qui se présentent lorsque les sociétés subissent des transformations politiques significatives. En examinant les liens entre révolution et démocratie, les auteurs offrent un aperçu précieux des implications plus larges de la Révolution française pour la gouvernance moderne et la théorie politique
5. Hobsbawm, Eric. Nations et nationalisme depuis 1780 : Programme, Myth, Reality. Cambridge: Cambridge University Press, 1990. L'ouvrage fondateur deHobsbawm se penche sur l'évolution historique du nationalisme depuis la fin du XVIIIe siècle, en mettant particulièrement l'accent sur l'impact de la Révolution française sur le développement des États-nations modernes. En examinant l'interaction entre l'identité nationale, les idéologies politiques et les mouvements révolutionnaires, l'auteur fournit une analyse convaincante de la manière dont la révolution a remodelé les conceptions de la citoyenneté et de l'appartenance
6. Lefebvre, Georges. La Révolution française des origines à 1793. Londres, Routledge, 2001 : Routledge, 2001. L'étude exhaustive deGeorges Lefebvre offre un examen détaillé de la Révolution française depuis ses débuts jusqu'aux événements radicaux de 1793. Grâce à une recherche méticuleuse et à une analyse perspicace, Lefebvre retrace les étapes clés de la révolution, les changements idéologiques et les transformations sociétales, offrant aux lecteurs une riche compréhension de ce moment crucial de l'histoire française et européenne.

7. Pinkney, David H. The French Revolution of 1789. Oxford, Oxford University Press, 1996 : Oxford University Press, 1996. Le récit accessible de David Pinkney sur la Révolution française offre aux lecteurs une vue d'ensemble claire et concise des origines de la révolution, de ses événements clés et de son impact durable. En mettant en lumière les dynamiques politiques, sociales et culturelles qui ont façonné cette période turbulente, Pinkney propose un récit captivant qui saisit les complexités et l'importance de l'une des révolutions les plus influentes de l'histoire
8. Rude, George. La Révolution française. Londres: Weidenfeld and Nicolson, 1988. L'ouvrage classique deGeorge Rude sur la Révolution française reste une étude fondamentale des bouleversements sociaux et politiques qui ont défini cette époque transformatrice. Grâce à une narration vivante et une analyse incisive, Rude donne vie aux événements tumultueux, à la ferveur révolutionnaire et à l'héritage durable de la révolution, offrant aux lecteurs un portrait fascinant de ce moment crucial de l'histoire européenne
9. Soboul, Albert. La Révolution française, 1787-1799 : De la prise de la Bastille à Napoléon. Oxford, Oxford University Press, 1974 : Oxford University Press, 1974. L'ouvrage d'Albert Soboul, qui fait autorité en la matière, retrace la trajectoire de la Révolution française, depuis l'emblématique prise de la Bastille jusqu'à l'ascension de Napoléon Bonaparte. Grâce à un examen méticuleux des événements clés, des mouvements sociaux et des idéologies politiques, Soboul offre aux lecteurs une compréhension complète de l'impact de la révolution sur la société, la politique et la culture françaises
10. Tackett, Timothy. Devenir révolutionnaire : Les députés de l'Assemblée nationale française et l'émergence d'une culture révolutionnaire (1789-1790). Princeton: Princeton University Press, 1996. L'étude novatrice deTimothy Tackett explore les expériences personnelles et les transformations idéologiques des députés de l'Assemblée nationale française au cours des premières étapes de la révolution. En se concentrant sur le développement d'une culture révolutionnaire parmi les élites politiques, Tackett met en lumière les processus complexes qui ont façonné le cours de la révolution dans ses années de formation, éclairant les

complexités de la pensée et de l'action révolutionnaires au cours de cette période tumultueuse.

11. Enfin, l'icontournable "Histoire de la Révolution francaise" par Michelet, reste une source essentielle d'information detaillée sur les évenements survenus dans le sillage de 1789.

Ces sources diverses et perspicaces offrent une richesse de connaissances et de perspectives sur la Révolution française, invitant les lecteurs à s'engager dans les complexités et les nuances de ce moment charnière de l'histoire. En explorant l'interaction des facteurs sociaux, politiques et culturels qui ont conduit la révolution, ces ouvrages approfondissent notre compréhension de son impact et de son héritage durable sur la société moderne.

www.ingramcontent.com/pod-product-compliance
Lightning Source LLC
LaVergne TN
LVHW012016060526
838201LV00061B/4335